INTRODUCCION
AL MARKETING

INTRODUCCION AL MARKETING

Salvador Miquel Peris
Alejandro Mollá Descals

Universidad de Valencia

J. Enrique Bigné Alcañiz

Universidad Jaume I (Castellón)

McGraw-Hill

MADRID • BUENOS AIRES • CARACAS • GUATEMALA • LISBOA • MEXICO
NUEVA YORK • PANAMA • SAN JUAN • SANTAFE DE BOGOTA • SANTIAGO • SAO PAULO
AUCKLAND • HAMBURGO • MILAN • MONTREAL • NUEVA DELHI • PARIS
SAN FRANCISCO • SIDNEY • SINGAPUR • ST. LOUIS • TOKIO • TORONTO

INTRODUCCION AL MARKETING

DERECHOS RESERVADOS © 1994, respecto a la primera edición en español, por McGRAW-HILL/INTERAMERICANA DE ESPAÑA, S. A. U.
Edificio Valrealty, 1.ª planta
Basauri, 17
28023 Aravaca (Madrid)

ISBN: 84-481-1846-4
Depósito legal: M. 2.409-1999

Editor: Mariano J. Norte
Cubierta: Félix Piñuela. Grafismo Electrónico
Preimpresión: MonoComp, S. A.
Impreso en EDIGRAFOS, S. A.

IMPRESO EN ESPAÑA - PRINTED IN SPAIN

Contenido

Prólogo

La·reforma del Plan de Estudios de las Facultades de Ciencias Económicas y Empresariales del año 1973, introduce asignaturas relacionadas con materias comerciales a las que, por ser optativas, cada Facultad daba el nombre y contenido de la misma. Esta innovación era una manera de adecuar los estudios universitarios a las necesidades que sentían los empresarios de esta incipiente área de conocimientos.

Desde entonces, con el desarrollo del sistema empresarial ha ido evolucionando la concepción de la función comercial, y se han perfeccionando instrumentos para llevarla a cabo, identificándola con el concepto de marketing. La tecnología logra altas cotas de desarrollo, y los procesos de transformación de materias primas, empleo de energía, bienes de equipo, factor humano etc., en productos acabados alcanzan niveles muy altos. El problema es cómo adecuamos esas cantidades ingentes de productos tan diferentes a las necesidades de ese consumidor real o potencial, y es precisamente a partir de ahí cuando se manifiesta propiamente la función comercial de la empresa. Si se quiere lograr la supervivencia de la organización, el mercado debe pasar a ser el centro de interés prioritario de la misma.

En la practica, tanto los conocimientos comerciales como los de otras disciplinas del indicado Plan de Estudios habían quedado obsoletos, y la realidad ha impuesto el desarrollo de una profunda reforma del mismo, lo que ha motivado la creación de dos nuevas titulaciones por separado, donde se distingue la licenciatura en Dirección y Administración de Empresas y la licenciatura en Economía. La principal aportación supone una actualización de las materias que componen el Plan, fruto de la lógica obsolescencia temporal que el devenir económico ha generado, y también se prevé una mayor optatividad en la elección de materias con el fin de que sean los estudiantes los que en alguna medida puedan orientar bajo su responsabilidad su propio currículum en todo aquello que no sea troncal u obligatorio. En este sentido, se han dado entrada a todas las áreas de marketing en un contexto integrador, y en el segundo año del Primer Ciclo existe una asignatura con la denominación **Economía de la Empresa III (Comercial)** pensada para introducir a los alumnos de dichos estudios de Licenciatura en la enseñanza del marketing por primera vez. Dicha materia es troncal, y hay que impartirla en sesenta horas de clase, treinta de teoría y treinta de prácticas durante un semestre. Esta ha sido la razón de pensar en la publicación de un libro que se adapte a esta necesidad del mercado y bautizarlo con el título de **Introducción al Marketing**.

En este sentido el objetivo básico de la obra puede contemplarse bajo dos aspectos:

Por una parte su sencillez pedagógica, que va a permitir introducir a los lectores en el aprendizaje del marketing con la profundidad y pragmatismo necesario para poder enfrentarse con el cotidiano quehacer empresarial.

Por otra parte, la claridad de su exposición, su forma didáctica y el detalle temático de análisis, junto con las lecturas complementarias recomendadas, la posicionarán como una obra muy apropiada para que personas sin experiencia previa en la materia puedan hacer uso de ella en un corto espacio de tiempo.

La obra consta de nueve capítulos.

El primero introduce al lector en los conceptos característicos del marketing, tanto filosofía como función, así como en la tareas de dirección de marketing.

El segundo capítulo proporciona al lector un conocimiento amplio de los elementos y variables que componen el sistema comercial: mercado, demanda, entorno, clasificación de mercados, estudio del comportamiento del consumidor e identificación de los segmentos del mercado.

El Capítulo 3 estudia la estructura de un sistema de información marketing y describe los métodos y técnicas de investigación para el análisis del mercado.

El Capítulo 4 se centra en la planificación comercial con la formulación de objetivos y estrategias marketing para finalizar con el proceso de control y análisis de las desviaciones y realización de las posibles acciones correctoras.

Los cuatro capítulos siguientes están dedicados al estudio de las variables de que dispone el marketing para diseñar las acciones que hagan alcanzar los objetivos previstos, o sea, se analizan las decisiones relativas al producto, delimitación y concepto del mismo, análisis y posicionamiento de la marca, ciclo de vida del producto, así como nuevos productos, en el Capítulo 5; las decisiones sobre precio y sus objetivos de fijación de precios se estudian en el Capítulo 6; los aspectos básicos de la distribución , canales e implementación de la distribución y la logística se desarrollan en el Capítulo 7, mientras que en el Capítulo 8 se analiza el mix de la comunicación con el concepto de promoción de ventas, publicidad, relaciones públicas y patrocinio.

El último capítulo se destina a las nuevas aplicaciones del marketing, donde se estudia el concepto y justificación de penetración de la empresa en los mercados exteriores, el marketing de servicios y el marketing en sectores no lucrativos.

Sólo nos resta manifestar que el capítulo de «Precios» ha sido escrito por Antonio Carlos Cuenca y el de «Distribución» por Irene Gil, profesores ayudantes de Comercialización e Investigación de Mercados, a quienes agradecemos su esfuerzo y dedicación.

También habría que hacer mención del incondicional esfuerzo de colaboración realizado por Mariano J. Norte, editor de McGraw-Hill.

Valencia, julio de 1994
Los autores

CAPITULO 1

Introducción y concepto de marketing

1.1. CONCEPTO DE MARKETING

El marketing debe ser entendido como un sistema de pensamiento, es decir, un conjunto de creencias, valores, opiniones y actitudes respecto al modo más correcto de enfocar la actividad de intercambio entre una empresa u organización y su entorno, y como un conjunto de técnicas que permiten ejecutar las acciones que se derivan de este sistema de pensamiento.

Es tanto una filosofía como una técnica. Como *filosofía* imprime un carácter específico a todas las actividades desarrolladas por la empresa u organización; como *técnica* implica el desarrollo y utilización de una serie de técnicas o instrumentos de marketing, concretamente elaboradas para tal fin o «rescatadas» de otras disciplinas y empleadas para desarrollar eficazmente la Dirección del Marketing.

Tanto la filosofía como las técnicas empleadas tienen como objetivo principal favorecer el intercambio entre dos partes de modo que ambas resulten beneficiadas. Esta concepción del *intercambio* es básica para comprender la filosofía del marketing, y explica también por qué se alude a esta disciplina señalando que, aunque posee un desarrollo científico muy reciente, existe desde la Antigüedad, puesto que siempre, de un modo u otro, se han dado diversos procesos de intercambio o trueque entre los hombres.

Una vez incluido el vocablo *marketing* en el *Diccionario de la Lengua Española* en la XXI^a edición de la Real Academia, no es necesaria su traducción ni la utilización de otros vocablos que no llegaban a precisar de manera completa su significado, si bien el mismo diccionario define el marketing a través del vocablo «mercadotecnia».

La confusión terminológica ha propiciado que, en ocasiones, el marketing no haya sido bien entendido tanto por sus detractores como por sus adeptos. En este sentido, principalmente se ha acusado al marketing de ser una herramienta beneficiosa únicamente para una de las partes implicadas en el intercambio. De este modo, con cierta frecuencia se ha identificado al marketing con tan sólo algunas de sus herramientas más vistosas, como son la publicidad y la promoción de ventas.

No obstante, esta visión parcial de la acción del marketing revela un profundo desconocimiento del contenido de esta disciplina, que, si bien es cierto que conlleva el empleo de un amplio conjunto de actividades de comunicación, también implica una serie de análisis de los productos, precios y canales de distribución más adecuados para que el intercambio se realice eficazmente.

Posiblemente, si la actividad de marketing estuviese dirigida exclusivamente a favorecer el intercambio entre dos partes sería posible entenderlo como un arquitecto de la sociedad de consumo o como un conjunto de técnicas de venta. Sin embargo, ya desde sus orígenes, el marketing se definía como «un sistema total de actividades empresariales encaminadas a planificar, fijar precios, promover y distribuir productos y servicios que *satisfacen las necesidades de los consumidores actuales y potenciales*» (Stanton).

El concepto de *satisfacción* de las necesidades es tan básico como el de intercambio para comprender la filosofía del marketing. Si alguna de las partes implicadas en el intercambio no queda satisfecha, evidentemente evitará que se repita de nuevo este intercambio. Es decir, si una empresa consigue la venta de un producto valiéndose únicamente de técnicas persuasivas que favorezcan su presentación y el deseo de compra, quizás conseguirá la venta en una primera ocasión, pero será muy difícil que se mantenga en el mercado. Por esto, el marketing pretende diseñar el producto, establecer los precios, elegir los canales de distribución y las técnicas de comunicación más adecuadas para presentar un producto que realmente satisfaga la necesidades de los clientes, de modo que éstos realizarán su compra porque el producto les resulta útil y satisfactorio. No será necesaria la presión de ventas, puesto que la compra será beneficiosa para el cliente.

Es importante reconocer que en esta primera definición se han incluido cuatro áreas complementarias de actuación del marketing. Son las famosas cuatro *Pes* de McCarthy: *Producto, Precio, Distribución* (Place) y *Promoción o Comunicación*. Estas áreas constituyen las estrategias básicas de la gestión del marketing, tal y como evidencia la definición propuesta por la American Marketing Association en 1985:

> **marketing** es «*el proceso de planificar y ejecutar la concepción del producto, precio, promoción y distribución de ideas, bienes y servicios, para crear intercambios que satisfagan tanto objetivos individuales como de las organizaciones*».

> El **producto** debe ser entendido como «*todo aquello susceptible de ser ofrecido para satisfacer una necesidad o deseo*» (Kotler, 1992).

Generalmente, el concepto de producto está asociado con un bien físico, con un objeto tangible que se produce para ser posteriormente vendido. Sin embargo, esta definición permite entender que también diversos bienes intangibles pueden ser tratados como productos, y en este sentido se incluye cualquier servicio o idea que pueda satisfacer alguna necesidad o deseo.

Por tanto, los productos aluden a cualquier bien, servicio o idea que posea un valor para el consumidor o usuario (Santesmases, 1992). Un bien es un objeto físico, tangible, que puede ser percibido directamente por los sentidos; un servicio es la aplicación de esfuerzos humanos o mecánicos a personas, animales u objetos; y no puede percibirse por los sentidos, son intangibles y, por tanto, son perecederos y no se pueden almacenar; una idea es un concepto creado a partir de los diferentes conocimientos del individuo, y es, por tanto, también intangible.

El producto es el motivo del intercambio, sin él no es posible que se concluya una actividad de marketing. Sin embargo, el producto se ha convertido en el principal enemigo de muchos empresarios y fabricantes. En este sentido es crucial la aportación de Theodore Levitt, que en su artículo «La miopía del marketing» destaca el error cometido por los empresarios que, centrados en sus productos, desatienden el mercado y las necesidades de los clientes.

Es algo frecuente encontrarse con fabricantes que no alcanzan a comprender el fracaso de sus productos aludiendo a su gran calidad, mucho mejor que la de los productos de sus competidores. Son muchos los fabricantes «enamorados» de sus productos, especialmente en empresas dirigidas por los empresarios que las crearon en una coyuntura caracterizada por la existencia de una demanda muy superior a la oferta y en la que, por tanto, inicialmente, los consumidores tan sólo necesitaban poseer los productos por su valor en sí mismos.

Por ejemplo, ante la carencia de calzado el consumidor quedará satisfecho si puede comprar un par de zapatos que le permitan caminar con los pies cubiertos. Se interesará por la resistencia del producto y por su precio, fundamentalmente, pero otros valores añadidos tales como la marca, las modas existentes, el diseño, los colores, etc., tendrán muy poca importancia. En esta situación el fabricante debe producir unos zapatos de buena calidad, que al mismo tiempo le permitan mantener un margen aceptable sin incrementar excesivamente el precio.

En una etapa posterior, la oferta se igualará con la demanda y cobrarán especial importancia los componentes de la actividad comercial, es decir, tan importante como el producto en sí mismo será la acción de ventas y su buena distribución. No obstante, la calidad del producto en sí mismo sigue siendo la idea central perseguida por los clientes, es decir, un producto resistente y duradero.

Sin embargo, en la actualidad, la oferta es muy superior a la demanda, y en este sentido los clientes ya no compran únicamente un producto por su resistencia, por la calidad de sus componentes, por su precio o por su buena distribución y venta. El producto ya no se percibe únicamente como un bien en sí mismo, sino que puede ser percibido como una combinación de un bien, un servicio y una idea.

Un joven no se comprará unos zapatos únicamente porque le servirán para todo el invierno, sino que procurará que estos zapatos estén de acuerdo con la moda de la temporada y que, por tanto, estén compuestos por ciertos materiales, ciertos colores y tengan un diseño determinado. También le preocupará la marca, y aunque ésta no sea sinónimo de calidad o resistencia de los materiales estará satisfecho si se trata de una marca prestigiosa en su segmento de edad. El precio, aun siendo un componente importante, tampoco será el principal decisor, de hecho resulta común ver cómo, por ejemplo, los adolescentes compran calzados deportivos con precios mucho más altos que los realmente asequibles al nivel de vida de su familia.

En este contexto adquiere plena significación la noción de **producto-servicio,** expuesta por Lambin (1991), según la cual *«lo que el comprador busca no es el bien, sino el servicio que el bien es susceptible de prestar»*. Es decir, el adolescente no está comprando únicamente zapatillas, sino el servicio o beneficio que éstas le ofrecen; de hecho, y aunque quizás conscientemente no lo admitirá, está comprando (está satisfaciendo) integración y aceptación en su grupo de referencia.

Por tanto, la tarea del especialista en marketing consiste más en vender el beneficio o el servicio inherente a cada producto que en describir sus características. Se dice que el vendedor centrado en el producto en sí mismo en lugar de en las necesidades de los clientes sufre «miopía de marketing». En definitiva, siguiendo un ejemplo de Levitt, el cliente no desea un taladro de gran calidad, sino que necesita un agujero para colgar sus cuadros.

En cuanto al *precio*, si bien es cierto que toda empresa debe enfrentarse a la tarea de fijar sus precios de venta, también lo es que las empresas no siempre están en disposición de determinar los precios que desean para sus productos. En aquellos mercados con productos indiferenciados y numerosos competidores, el precio que la empresa pondrá a sus productos vendrá determinado por el propio mercado. Sin embargo, el precio siempre debe tener una *coherencia interna*, es decir, debe estar fundamentado en el análisis económico de la empresa, y también debe tener una *coherencia externa*, puesto que el precio va a resultar un factor decisivo en cuanto a la percepción de los productos por parte de los consumidores.

La determinación del precio resulta fundamental, entre otros aspectos, porque es el único elemento del marketing que genera ingresos por ventas; el resto supone costes. Además, el precio elegido determina variables de gran transcendencia para la empresa: en función del precio se generará cierto nivel de demanda, se conseguirá mayor o menor rentabilidad en la actividad, se logrará determinado posicionamiento de marca y se realizarán las comparaciones entre diversos productos y marcas competitivas (Lambin, 1991).

Kotler (1992) indica que los errores más comunes en la fijación de precios son los siguientes: el precio está demasiado orientado al costo, sin considerar suficientemente la intensidad de la demanda y la psicología de los clientes; el precio no se revisa con la suficiente frecuencia para variar en consonancia con el mercado; el precio se fija independientemente del resto de variables del marketing; y el precio no se modifica lo bastante para los diferentes productos y sectores del mercado.

En cualquier caso, es importante considerar que el precio que el cliente está dispuesto a pagar por el producto depende del producto en sí mismo, pero también de la utilidad que este producto tendrá para los clientes, es decir, del servicio que le va a prestar.

Por lo que se refiere a la variable *distribución*, el proceso de intercambio necesariamente debe darse en un lugar concreto, y el objetivo de la distribución es acercar el producto al cliente de modo que éste pueda acceder hasta él con la mayor facilidad y la mayor economía de tiempo.

Actualmente, las formas de distribución son múltiples, y existen infinidad de oportunidades para establecer los canales de distribución entre la empresa u organización y sus clientes. En cuanto a los bienes físicos, el fabricante puede acceder directamente hasta sus clientes, puede vender directamente a los minoristas, puede vender a los mayoristas y éstos a los minoristas, y puede vender a los distribuidores y éstos a los clientes.

También puede establecer cualquier fórmula que le permita una economía de costes y una mayor rentabilidad. Sin embargo, es preciso considerar que los canales tienden a acortarse, y que en la actualidad la distribución comercial se ha concentrado adquiriendo un papel predominante en el mercado y estableciendo en la mayor parte de los casos las condiciones de distribución. Ante esta concentración de la demanda, es previsible y necesaria una concentración de la oferta, de modo que los fabricantes deberán adoptar medidas de acción con el objeto de incrementar su poder negociador respecto a los distribuidores.

La distribución comercial se presenta como un mundo apasionante en el que las nuevas fórmulas de venta implican continuos cambios en el diseño y presentación de los productos, en la estrategia de precios y en las acciones de comunicación de las empresas. Estas últimas deberán realizar continuos esfuerzos para seleccionar los canales de distribución más adecuados en función no sólo de las condiciones establecidas entre fabricante y distribuidor, sino también considerando los hábitos de compra de sus propios clientes.

En definitiva, al igual que sucede con el resto de las variables del marketing, la empresa deberá tomar sus decisiones orientándose no sólo a sus propias necesidades e intereses, sino en función de las necesidades e intereses de sus clientes.

La *comunicación* es quizás la variable del marketing más conocida, y posiblemente la peor interpretada. El marketing no es sólo publicidad o venta, sino que, como vemos, implica cuando menos una óptica concreta en cuatro áreas de la actividad comercial de la empresa u organización (producto, precio, distribución y comunicación). Las decisiones en cuanto a comunicación son presumiblemente las más vistosas, pero deben ser igualmente coherentes con el resto de las áreas del marketing. Existen multitud de herramientas que la empresa u organización puede emplear para comunicarse con sus clientes.

Para promocionar un producto, junto con la publicidad se utilizan otros instrumentos tales como la venta personal, la promoción de ventas, las relaciones públicas y otros medios de comunicación directa que se tratan con detalle en el Capítulo 8.

Todos estos instrumentos de la promoción deben ser elaborados en función del público objetivo al que van dirigidos. El intercambio de información entre una empresa u organización y sus clientes es básicamente similar a la comunicación que se establece entre dos personas. Según las características del oyente, el emisor se comunicará con unas palabras u otras, según la distancia física empleará unos medios de comunicación u otros, según sus costumbres y hábitos lo encontrará y hablará con él en un lugar o en otro. En definitiva, todos los mensajes y los medios empleados, tanto el contenido como el continente, deberán ser elaborados en función de las características del receptor.

Pero en el proceso de comunicación tan importante como el habla es la escucha. Un medio del que disponen las empresas u organizaciones para escuchar las opiniones de sus clientes es a través de los *estudios de mercado,* que nos revelarán lo que éstos piensan acerca de nuestros productos, nuestros precios, nuestros canales de distribución y nuestro estilo comunicativo.

Cuando la empresa ha tomado las decisiones oportunas respecto a la estrategia del producto, la estrategia de precio, la estrategia de distribución y la estrategia de comunicación, se dice que ha elaborado su *marketing mix* o *mezcla de marketing.*

Para cada una de las variables del marketing mix se pretende orientar toda la actividad, desde la filosofía de la satisfacción de la necesidades en el proceso de intercambio entre la empresa u organización y sus clientes.

La importancia de la satisfacción del consumidor en la filosofía del marketing no es algo gratuito, sino que tiene su explicación en la evidencia comercial de las diferentes investigaciones realizadas por los especialistas de marketing. Destaca la aportación de Thomas Peters y Bob Waterman, que en su libro *En busca de la excelencia* entrevistaron a cuarenta y tres grandes empresas, encontrando que las características comunes a éstas eran: un profundo respeto por el consumidor, un agudo sentido del mercado apropiado (cuota de mercado) y una gran capacidad para motivar a sus empleados en la búsqueda de la calidad y del mayor valor del producto. El servicio y la calidad superior, junto la innovación continuada, suponían las claves del éxito de estas empresas. Del mismo modo, Peter Drucker destaca que la innovación y el marketing suponen las bases para el éxito empresarial.

Este deseo de servir al cliente está justificado en el análisis detallado del proceso de intercambio y de la psicología de los consumidores o clientes.

> El **intercambio** es «*el acto de obtener un producto deseado de otra persona, ofreciéndole algo a cambio*» (Kotler, 1992).

Para que se produzca es necesario que se den cinco condiciones:

1. Debe haber al menos dos partes.
2. Cada parte debe tener algo que supone valor para la otra.
3. Cada parte debe ser capaz de comunicar y entregar.
4. Cada parte debe ser libre de aceptar o rechazar la oferta.
5. Cada parte debe creer que es apropiado o deseable tratar con la otra.

Pero puede producirse intercambio sin que se establezca un acuerdo definitivo, por tanto, es sólo cuando se alcanza el acuerdo cuando puede hablarse ya no de intercambio, sino de transacción. Estas suponen la unidad de intercambio, es decir, suponen un conjunto de valores entre dos partes. Como resultado del intercambio consolidado, ambas partes quedan más satisfechas que cuando iniciaron el proceso.

Pero si bien la satisfacción del vendedor se concreta en la venta de sus productos y es fácil, por tanto, encontrar una unidad de medida de su satisfacción en el intercambio, es decir, a más venta mayor satisfacción, sin embargo, ¿cómo puede valorarse la satisfacción del cliente?, y más concretamente, ¿qué conceptos son los que fundamentan la satisfacción?

La conducta del consumidor se inicia por un estado carencial, el consumidor o usuario reconoce la existencia de una necesidad, es decir, *la carencia de un bien básico* (Kotler, 1992) que podrá ser satisfecha mediante la adquisición de determinado producto. Una vez realizada la compra, este proceso no finaliza, sino que, por el contrario, el consumidor continuará valorando su decisión de modo que, en función de las expectativas que se había creado respecto al producto, lo valorará hasta llegar a un consenso acerca de lo acertado o no de la compra. Evidentemente, cuando se inicie un nuevo proceso de compra, una de las principales fuentes de información será su experiencia personal, por lo que repetirá o no la compra en función de si ha quedado o no satisfecho.

Debido a la importancia de este proceso de evaluación y de los sentimientos posteriores a la compra, es lógico que la actividad comercial de una empresa dependa de la satisfacción que genere en sus clientes y es, por tanto, comprensible que el marketing pretenda favorecer no sólo el intercambio sino también la satisfacción de ambas partes.

A lo largo de todo este proceso de decisión de compra, el marketing puede influir en el consumidor favoreciendo la compra de determinados productos. Sin embargo, las necesidades no son creadas por los especialistas de marketing, sino que existen desde siempre, es decir, son inherentes a la condición humana. Estas necesidades se manifiestan en deseos concretos, los *deseos* son la *carencia de algo específico que satisface las necesidades básicas*, es decir, una persona necesita comer y desea, por ejemplo, comida italiana, o puede desear cualquier otro tipo de comida. A diferencia de las necesidades, los deseos varían mucho de una cultura a otra, e incluso en una misma sociedad cambian con el paso del tiempo.

Sin embargo, estos deseos no garantizan la compra de un producto: una persona puede desear la compra de una vivienda y no poseer suficiente dinero para adquirirla. Por este motivo, la tarea del marketing no debe centrarse únicamente en los deseos, sino en la *demanda*, es decir, *los deseos de un producto específico, en función de una capacidad de compra determinada*, siendo éste el verdadero objeto del marketing.

Con esto llegamos hasta el concepto de segmento de mercado, público objetivo, o mercado-objetivo. Cada empresa u organización debe definir cuál es el hueco de mercado al que debe destinar sus esfuerzos comerciales. Cada producto debe dirigirse a un segmento más o menos amplio de la demanda, de modo que centrándose en un grupo determinado será posible producir aquello que se adapta correctamente a sus demandas y que satisface, por tanto, sus deseos y necesidades.

> El **mercado** está compuesto por el «*conjunto de consumidores potenciales que comparten una necesidad o deseo y que podrían estar dispuestos a satisfacerlo a través del intercambio de otros elementos de valor*» (Kotler, 1992).

Finalmente, la satisfacción siempre será un sentimiento subjetivo que dependerá del equilibrio que se establezca entre la demanda del cliente y el producto recibido. Un índice del grado de satisfacción de los clientes es también el número de unidades vendidas, pero no en un momento puntual, sino a lo largo del tiempo. El índice más significativo nos lo dará la fidelidad de la clientela y, por supuesto, la información que podamos obtener directamente de los clientes mediante los estudios de mercado.

Generalmente se habla de **utilidad** como medida de la satisfacción obtenida al recibir algo de valor en un intercambio. En este sentido se indica que la utilidad puede estar originada por cinco causas, o que existen cinco tipos de utilidad: la forma, el espacio, el tiempo, la posesión y la información. La utilidad de forma implica el desarrollo del producto, las utilidades de espacio y tiempo son cubiertas por las estrategias de distribución, la utilidad de posesión está íntimamente vinculada a la definición de precios y se concreta en la venta, y la utilidad de información es atendida a través de la estrategia de comunicación.

Basándonos en los conceptos tratados podríamos ahora destacar la definición de Kotler, para quien el **marketing** «*es un proceso social y de gestión, a través del cual individuos y grupos obtienen lo que necesitan y desean, creando, ofreciendo e intercambiando productos con valor para los otros*». Este concepto es más amplio que los anteriores y transciende del ámbito puramente empresarial, puesto que no sólo las organizaciones lucrativas pueden emplear las herramientas del marketing, sino que también las organizaciones no lucrativas pueden desarrollar campañas de marketing con carácter social.

1.2. EL MARKETING EN LA ECONOMIA Y LAS RELACIONES DE INTERCAMBIO

La función del marketing en una economía de mercado radica en organizar el intercambio entre la oferta y la demanda de modo que se desarrollen eficaz y competitivamente las transacciones de productos entre la oferta y su demanda.

Este proceso de intercambio requiere la organización de dos tipos de actividades de unión:

1. Organización de la distribución, es decir, los flujos físicos que garanticen el intercambio material de productos desde el lugar en el que se producen hasta el lugar en el que se demandan.

2. Organización de la comunicación, esto es, los flujos de información que garanticen la adecuada comunicación entre cada una de las partes implicadas en este proceso de intercambio, la producción, la distribución y la demanda.

1.2.1. Organización de la distribución

El paso de los bienes y servicios desde el lugar de producción hasta el lugar de adquisición para el consumo es realizado por la función de distribución. A lo largo de este proceso la función de distribución añade a los productos tres tipos de utilidades que constituyen el valor añadido de la distribución:

1. Utilidades de estado: son los cambios de carácter material que implican actividades del tipo de fraccionamiento en unidades de menor tamaño, acondicionamiento para su presentación...
2. Utilidades de lugar: son los cambios espaciales que implican el transporte y la distribución geográfica desde el lugar de producción hasta el de compra.
3. Utilidades de tiempo o cambios temporales, tales como el almacenamiento. Permiten que el cliente disponga del producto en el momento deseado.

Este valor añadido de la distribución se mide mediante el llamado **margen de distribución**, o diferencia entre el precio pagado al productor por el primer comprador y el precio pagado por el consumidor o usuario final.

El sector de la distribución está compuesto por agentes comerciales, mayoristas, distribuidores y detallistas. En la actualidad se está experimentando un proceso de concentración tanto horizontal como vertical, que implica una tendencia al acortamiento de canales y que, en consecuencia, en ciertas ocasiones, provoca una reducción de los márgenes de distribución, puesto que desaparecen una o más figuras de la cadena de distribución.

El proceso de *concentración vertical* se observa en fenómenos tales como el **marketing directo,** que permite el intercambio directo entre fabricantes y clientes y en el establecimiento de nexos de unión entre los distintos escalones de la cadena de distribución, como son por ejemplo los contratos de franquicia establecidos entre fabricantes y minoristas, que garantizan la venta en exclusividad de ciertos productos.

La *concentración horizontal* supone la integración en segmentos horizontales de la distribución, y en este sentido surgen *nuevas fórmulas de distribución*, como son los grandes centros comerciales o el desarrollo de grandes distribuidores tales como los hipermercados, supermercados grandes y pequeños y tiendas de autoservicio, que concentran gran cantidad de productos que anteriormente se vendían en comercios minoristas independientes. Además de estas concentraciones en el espacio, se han dado otras asociaciones de carácter funcional, tales como las cooperativas de detallistas y las centrales de compra. De un modo u otro, la concentración horizontal tiene una repercusión en el flujo vertical del intercambio, puesto que o bien elimina algunas de las figuras del sector o modifica poderosamente las condiciones de negociación entre productores y distribuidores.

Estos cambios en la distribución implican también una nueva conceptualización del marketing, que está experimentando una tendencia a superar el concepto de intercambio por el establecimiento de nexos de unión o relaciones.

Actualmente se está evidenciando una desviación del enfoque de intercambio hacia el enfoque de la construcción de relaciones cargadas de valor y hacia el establecimiento de redes de marketing (Kotler, 1992). En este sentido, al marketing mix hay que añadirle el marketing de las relaciones. Es decir *«la tarea empresarial de establecer, mantener y potenciar las relaciones con los clientes y otros participantes, socios en el beneficio, para que se cumplan los objetivos de todos los implicados».*

En consecuencia, el plan de marketing debe desarrollarse considerando qué tipo de relaciones, económicas, sociales, técnicas y legales son más convenientes con todos y cada uno de los elementos de la cadena, es decir, proveedores, distribuidores y clientes.

1.2.2. Organización de la comunicación

La organización de la distribución necesariamente debe ir acompañada de un proceso de comunicación que garantice que las diversas partes implicadas reciben la información necesaria para adoptar las decisiones más adecuadas. En este sentido pueden distinguirse hasta siete flujos de comunicación (Lambin, 1991):

1. Antes de la producción y a iniciativa del productor, valiéndose de los estudios de mercado, una recogida de información acerca de las actitudes, necesidades e intereses de los clientes potenciales.
2. Antes del proceso de compra y a iniciativa del comprador, un análisis de las ofertas, e incluso la elaboración de anuncios de demandas.
3. Después de la producción, las acciones de información del fabricante interesado en conocer el trato recibido por sus productos en el punto de venta.
4. Las acciones de publicidad y promoción de ventas realizadas por el propio fabricante y dirigidas a los clientes finales.
5. Las actividades de publicidad y promoción de ventas realizadas por los distribuidores y dirigidas también a los clientes finales.
6. Los estudios de mercado realizados por los fabricantes para valorar el grado de satisfacción de los clientes una vez realizada la compra de sus productos.
7. Las posibles acciones reivindicativas o las diferentes evaluaciones de los productos que los clientes comunican (individualmente o en asociaciones) a los fabricantes.

En la actualidad, y debido al peso cada vez mayor de los distribuidores, es posible incluir otros tres flujos de comunicación: los estudios de mercado previos a la actividad y realizados por los distribuidores, los estudios de mercado realizados una vez implantada su actividad, y los flujos de información entre distribuidores y clientes, a iniciativa de estos últimos.

1.3. EVOLUCION DEL CONCEPTO DE MARKETING

Tal y como se ha visto, el marketing no es un concepto estático, sino que, por el contrario, a medida que se profundiza en él adquiere mayor dimensión y nuevos campos de aplicación. Paralelamente al desarrollo de la economía de mercado, el marketing ha ido evolucionando, adquiriendo nuevas funciones tanto en el conjunto de la economía como en el interior de las empresas u organizaciones.

1.3.1. Orientaciones al mercado

En función de la coyuntura económica y de la orientación de la empresa hacia el mercado, se pueden distinguir cuatro enfoques u orientaciones en la actividad de marketing.

A) *Orientación a la producción y al producto*

En una situación en la que la oferta es inferior a la demanda o incluso cuando el coste del producto resulta excesivo para la empresa u organización y debe tratar de reducirlo, las empresas adquieren una orientación hacia la producción o hacia el producto:

■ *Orientación a la producción*

La empresa u organización actúa bajo la creencia de que los consumidores adquieren aquellos productos que son fácilmente accesibles y tienen un bajo coste. Los esfuerzos, por tanto, estarán dirigidos hacia la cadena productiva, procurando favorecer un descenso de los costes.

■ *Orientación al producto*

En este caso se considera que el consumidor comprará los productos de mejor calidad o que ofrezcan mayor resistencia al paso del tiempo. De nuevo, la empresa orientará sus esfuerzos a la cadena productiva procurando obtener el mejor producto con los menores costes.

En ambos casos las opiniones de los clientes carecen de importancia, y el producto se produce a partir de los conocimientos y medios de que dispone la empresa, es decir, con una orientación interna y, por tanto, una óptica productiva.

B) *Orientación a las ventas y distribución*

En una situación en la que oferta y la demanda están más equilibradas o en la que la oferta supera a la demanda y en consecuencia el cliente tiene más para elegir, las diferencias de elaboración del producto pueden ir desapareciendo, y el cliente comprará aquellos productos a los que pueda acceder con mayor facilidad o aquellos acerca de los que ha recibido mayor información. Cobra, por tanto, mayor importancia la función de la distribución y la comunicación entre la empresa y sus clientes a través de los vendedores.

También las empresas con exceso de producción o con productos más o menos obsoletos tienen la necesidad de incrementar sus ventas, y por tanto de orientar sus esfuerzos a la presión de venta sobre el cliente.

En una orientación a las ventas, las empresas actúan desde la creencia de que el consumidor debe ser presionado para que se favorezca la compra, de modo que abandone sus antiguos hábitos de compra por otros nuevos o realice su primera compra debido a la labor del personal de ventas.

Estas empresas tienen una orientación a corto plazo, y no dejan de estar orientadas también hacia la producción, en cuanto que realmente *pretenden vender lo que se produce y no producir lo que se vende.*

Estas empresas practican lo que se conoce como *marketing operacional*, es decir, un marketing basado en la óptica de ventas y que pretende alcanzar unos objetivos a corto y medio plazo que se concreten en una cifra de ventas y determinada cuota del mercado.

El vendedor no actuará como un solucionador de los problemas de sus clientes, sino que su objetivo será alcanzar la venta, por lo que conscientemente tratará de presionar al cliente hasta que ésta se produzca. Para ello, generalmente empleará técnicas de venta basadas en la refutación de objeciones mediante pautas de conducta más o menos esteriotipadas. Ejemplos de estos sistemas de venta son la venta enlatada o por estímulo-respuesta, en la que en ningún momento se cede la iniciativa al cliente, y la venta formulada o en función del modelo AIDA que secuencialmente pretende Atraer, Interesar, suscitar el Deseo de compra y la Acción de compra.

Estas empresas no están tan preocupadas por la satisfacción de los clientes como por la cifra de ventas y, tal y como señalamos, no han llegado a asumir que el marketing pretende hacer la venta superflua, es decir, conocer tanto al cliente y sus necesidades que la venta se realice con mayor facilidad.

El riesgo de alcanzar determinada cuota del mercado sin preocuparse de los sentimientos posteriores de los clientes radica precisamente en la conducta posterior a la compra. De hecho, como muestran los resultados de un estudio señalado por Kotler, los consumidores insatisfechos dan a conocer su nivel de insatisfacción a once conocidos, mientras que los satisfechos lo comunican sólo a tres. Por tanto, el riesgo de incrementar el número de clientes insatisfechos supone una pobre garantía para la consolidación futura de la empresa.

C)   *Orientación al cliente*

Esta orientación es practicada por todas aquellas empresas que han asumido que el mejor indicador de la salud de una empresa u organización radica en el grado de satisfacción de sus clientes. En consecuencia, tratan de realizar todas sus actividades desde esta óptica y, por tanto, están más preocupadas por los intereses de los consumidores que las empresas con una orientación a la producción o a la venta.

En este caso ya no se pretende vender lo que se produce, sino que la empresa intenta descubrir las necesidades de sus clientes para producir precisamente lo que se demande. Orienta sus esfuerzos no sólo a conseguir resultados a corto plazo, sino también a consolidar la empresa a medio y largo plazo. Los vendedores sustituyen los antiguos sistemas de venta por otros más orientados al cliente, de modo que la escucha cobra especial relevancia en el proceso de ventas y se emplean sistemas del tipo de la venta por satisfacción de necesidades o venta como solución de problemas, la *venta a tono*, caracterizada por la sinceridad en la presentación de los productos, y la *venta a fondo, o intensiva*, que implica el empleo de conocimientos de psicología y comunicación que favorecen el diálogo con los clientes.

Los estudios de mercado serán una importante herramienta de análisis, y permitirán tanto identificar cuál es el público objetivo o el segmento de mercado actual y potencial sobre el que debe actuar la empresa, así como cuál es el servicio y por tanto los atributos percibidos de los productos que realmente valoran sus clientes.

En definitiva, supone la transición de la orientación a la producción y a las ventas por una orientación al mercado y en este caso se dice que las empresas han superado el marketing operacional y comienzan a actuar desde la perspectiva del *marketing estratégico*, orientado a medio y largo plazo y apoyado en conceptos tales como producto-servicio, mercado actual y potencial y análisis de las necesidades.

Es importante que estas empresas sepan coordinar la función de marketing de modo que tanto las diferentes acciones que competen al departamento de marketing como las acciones desarrolladas por el resto de áreas de la empresa, mantengan esta orientación hacia el mercado y exista, por tanto, una coherencia interna y externa en sus actividades.

D)   *Orientación estratégica*

Implica la total puesta en práctica del llamado marketing estratégico. Las empresas con esta orientación ya no sólo se preocupan de satisfacer las necesidades de los clientes individuales, sino que pretenden también realizar acciones que favorezcan los intereses a largo plazo tanto de los consumidores como de la sociedad.

De un modo u otro estas empresas pretenden favorecer la riqueza social, y por tanto dan un enfoque social al marketing, de modo que éste termina siendo «*la tarea de las organizaciones de identificar las necesidades, deseos e intereses de sus públicos objetivos, sumistrarlos de manera más efectiva que la competencia y de forma que preserven o realcen el bienestar a largo plazo de los consumidores y de la sociedad*» (Kotler, 1992).

Supone, por tanto, la aplicación de unas nuevas variables de marketing o la realización de un megamarketing que incluya otras dos variables a las cuatro clásicas: política y opinión pública.

1.3.2. La integración del marketing en la empresa

Si, tal y como hemos visto, resulta complicado aplicar la filosofía del marketing sin incidir en alguna orientación distinta a la del marketing estratégico, también en la práctica resulta realmente difícil crear un nuevo departamento encargado del marketing y que se relacione y coordine en perfecta armonía con el resto de los departamentos de la empresa.

Las empresas tienden a aceptar el concepto de marketing cuando sucede alguna de las siguientes situaciones: 1) se produce un importante o gradual declive de las ventas; 2) el crecimiento de la empresa es lento y pretende introducirse en nuevos mercados; 3) los hábitos de compra cambian sin que el producto satisfaga las nuevas exigencias de los consumidores; 4) se incrementa la competencia y empresas con nuevas acciones de marketing inciden en el mercado; 5) los gastos que mantienen las empresas en actividades individuales de marketing son tales que les resulta más adecuado contratar una empresa consultora o crear su propio departamento (Kotler, 1992).

Si alguna de estas situaciones conduce a la creación de un departamento de marketing, la implantación de éste en el organigrama departamental de la empresa puede ser realizado de diversas formas o atravesar diferentes etapas.

1.4. LA AMPLIACION DEL CONCEPTO DE MARKETING

Tal y como se ha señalado, el concepto de producto implica todo aquello que es susceptible de intercambio entre dos partes. Puesto que incluye bienes, servicios e ideas, los posibles campos de aplicación del marketing son muy variados y puede emplearse no sólo en empresas con una actividad comercial, sino que cualquier organización implicada en procesos de intercambio es susceptible de incorporar la filosofía del marketing a sus actividades. El marketing se emplea tanto en las organizaciones con fines lucrativos como en aquellas de carácter no lucrativo.

La posibilidad de aplicar el marketing a cualquier proceso de intercambio supone que también puede ser empleado en las relaciones entre las propias empresas (marketing de empresa a empresa) y no sólo en las actividades dirigidas al consumidor o usuario final.

Generalmente, las organizaciones no lucrativas no pretenden vender un bien, sino que intentan inculcar unas conductas que deben de estar apoyadas en la asunción de ciertos valores, creencias y actitudes, Cuando las organizaciones emplean el marketing con tal fin están realizando el llamado *marketing social*. Ejemplos de este tipo de marketing son las campañas de prevención de accidentes de tráfico, incendios forestales, drogodependencias, limpieza y urbanismo, respeto por la naturaleza, etc.

Cuando las actividades de marketing de estas organizaciones comienzan a tener un desarrollo específico y se elaboran ciertas peculiaridades, adquieren un nombre propio, como es el caso del *marketing ecológico, marketing político* o *marketing electoral*.

Lógicamente, cualquier acción de marketing puede trascender del territorio nacional, con lo que se desarrolla el llamado *marketing internacional*, actualmente desempeñado por importantes empresas, fundamentalmente multinacionales, así como por los diversos Estados.

Por último, es destacable el llamado *marketing interno*, que fusionándose con la gestión de los recursos humanos de la empresa considera a los empleados como clientes internos a los que la empresa también debe tratar de satisfacer con el fin de mantenerlos motivados e implicados con su trabajo (Quintanilla, 1991).

En definitiva, el marketing es aplicable a cualquier actividad de intercambio, y en cada caso requiere del análisis y desarrollo de la estrategia de marketing mix, de modo que manteniendo las mismas técnicas y filosofía de trabajo sea posible actuar desde esta óptica en las diversas actividades en las que se ven implicadas las personas y las organizaciones.

CONCEPTOS CLAVE

Marketing. Es el proceso de planificar y ejecutar la concepción del producto, precio, promoción y distribución de ideas, bienes y servicios, para crear intercambios que satisfagan tanto objetivos individuales como de las organizaciones. (A.M.A. 1985).

Marketing-mix. Es la combinación coherente de las cuatro variables que constituyen la parte fundamental de las actividades de marketing: producto, precio, comunicación y distribución.

Función del marketing. En una economía de mercado radica en organizar el intercambio entre la oferta y la demanda de modo que se desarrollen eficaz y competitivamente las transacciones de productos entre la oferta y su demanda.

Marketing operacional. Se basa en la óptica de ventas con una dimensión de acción sobre el mercado a través de las variables de marketing, con objetivos a corto plazo de alcanzar una cifra de ventas y una determinada cuota de mercado.

Marketing estratégico. Se basa en el análisis de las necesidades del mercado para orientar a la empresa a medio y largo plazo en el desarrollo de estrategias que se adapten a los distintos mercados y que representen un potencial de crecimiento y de rentabilidad.

Marketing de las relaciones. Es la tarea empresarial de establecer, mantener y potenciar las relaciones con los clientes y otros participantes, socios en el beneficio, para que se cumplan los objetivos de todos los implicados.

Enfoque social del marketing. Es la tarea de las organizaciones de identificar las necesidades, deseos e intereses de sus públicos objetivos, suministrarlos de manera más efectiva que la competencia y de forma que preserven o realcen el bienestar a largo plazo de los consumidores y de la sociedad.

CUESTIONES DE ANALISIS

1. ¿Cuáles son los problemas con los que se encuentran las empresas de su localidad o región para aplicar el concepto de marketing?
2. Piense en un bien de consumo, por ejemplo un lavavajillas, y reflexione sobre los distintos aspectos de intercambio que se pueden establecer por parte del comprador y del vendedor.
3. Elija una empresa o sector de su región o país e indique cuál es el enfoque u orientación en la actividad de marketing en la que se encuentra y la evolución seguida.
4. Considere cómo aplicar los conceptos de producto, precio, comunicación y distribución a una campaña de prevención de incendios.

LECTURAS RECOMENDADAS

LEVITT, THEODORE: «Marketing Myopia». *Harvard Business Review*, Julio-Agosto 1960, págs. 45-56.

BAGOZZI, R.: «Marketing as Exchange». *Journal of Marketing*, vol. 39, Octubre 1975, págs. 32-39.

GOSCINNY Y UDERZO: *Obélix y Compañía*. Colección Astérix. Grijalbo-Dargaud, S. A., 1993.

CAPITULO 2

El mercado

2.1. CONCEPTO DE MERCADO

En el tema anterior hablábamos detenidamente del concepto de marketing y de las cuatro variables que integran el marketing-mix; sin embargo, no se ha considerado en estos elementos el concepto de mercado; no obstante, hay que aceptar que muchas de las acciones de marketing van a llevarse a cabo en un escenario al que llamamos mercado. Si nos paramos a pensar, veremos que la empresa diseñará su producto de acuerdo con las necesidades del mercado; fijará su precio; seleccionará unos canales de distribución y, por supuesto, realizará unas acciones de comunicación pensando siempre en los consumidores a quienes se dirige, para que conozcan la existencia de los productos que puedan perfectamente satisfacer sus necesidades. En definitiva, como se ve, las acciones marketing se desarrollan en ese lugar denominado mercado, y del acierto de las mismas lo conquistaremos o no; como decía Tagliacarne, «vale más dominar un mercado que disponer de una fábrica».

El término mercado se ha empleado tradicionalmente para referirse al lugar en el que se reúnen compradores y vendedores para intercambiar bienes y servicios con periodicidad fija y siguiendo reglas basadas en la costumbre; no obstante, este concepto tradicional ha dejado de referirse únicamente al espacio o lugar donde se realizan las transacciones comerciales y ha pasado a integrar a todos los compradores reales y potenciales de unos productos o servicios determinados.

> El **mercado** es aquella *«área donde se desenvuelven los compradores y vendedores de mercancías y servicios».* American Marketing Association (A.M.A.).

Dentro de este contexto, el marketing se propone crear intercambios que satisfagan tanto las necesidades de los consumidores como las de los proveedores. Para alcanzar este fin, los especialistas en marketing tratan de conocer ese mercado, para lo cual tienen que analizarlo y, en consecuencia, estudiar el estado de su demanda y también el consumidor y su comportamiento, pues en última instancia el mercado son personas, y aunque una empresa no pueda modificar sin más los deseos de compra de una población, puesto que el comportamiento de los consumidores es tremendamente complejo, la dirección de marketing sí que puede orientar determinadas acciones que influyan en el comportamiento del mismo.

2.2. LA DEMANDA

Paralelo al concepto de mercado, habría que hablar del concepto de demanda.

> **Demanda** es la cantidad de un producto o servicio que los consumidores están dispuestos a adquirir.

Como veremos, ambos conceptos tienen una correlación: el nivel de demanda y, por tanto, el tamaño del mercado —es decir, la capacidad que el mercado tiene para absorber un producto o servicio—, depende de muchos factores, y los mas importantes son el producto o servicio, el precio de ese producto o servicio y las personas o empresas que están interesadas en adquirirlo, y disponen del dinero necesario para su adquisición.

En este sentido, los directores de marketing analizarán las características y posibilidades del mercado para determinar el nivel de demanda que consideran óptimo para sus productos. En el supuesto de que la demanda real del mercado esté por debajo del óptimo, el director de marketing actuará sobre el precio o cualquier otra variable del marketing para tratar de estimularla hacia la adquisición de sus productos.

El profesor Philip Kotler ha enunciado una serie de estados diferentes de demanda a los que tienen que enfrentarse los directores de marketing:

1. **Demanda negativa.** La situación se produce cuando una parte importante de ese mercado no acepta el producto. Por ejemplo, la contratación de mujeres para ocupar altos cargos ejecutivos en las empresas españolas.
2. **Demanda inexistente.** Para el mercado no tiene interés en ese momento la oferta de un producto o servicio. Oferta de esquíes en las pistas en un año en que no nieva.
3. **Demanda latente.** Es cuando hay consumidores potenciales de un producto en el mercado y éste no existe todavía. Por ejemplo, los adictos al tabaco desearían disponer de cigarrillos que no perjudicasen la salud y tuviesen el mismo sabor.
4. **Demanda decreciente.** En todos los sectores hay momentos determinados en que la demanda cae en alguno de sus productos. Hace unos cuantos años decayó mucho la demanda de bicicletas.

5. **Demanda irregular.** Hay determinados tipos de negocios que por la índole de sus productos acusan lo que se llama el fenómeno de estacionalidad, o sea, sufren oscilaciones de la demanda durante el año. Ejemplo: las fábricas de calzado tienen temporada de invierno y de verano, y según la temporada fabrican el artículo que procede.
6. **Demanda en exceso.** En esta situación, la demanda de un producto o servicio es superior a la capacidad de oferta de la empresa. Por ejemplo, en los momentos de expansión económica ha habido un exceso de demanda en el sector de la construcción.
7. **Demanda socialmente indeseable.** Dicha situación se da cuando el consumo de un producto está socialmente mal considerado. En este tipo de demanda podemos referirnos al consumo de drogas, de cigarrillos o de alcohol.

Basándose en cada estado de la demanda, los directores de marketing tendrán que responder con una estrategia adecuada, tratando de buscar el nivel óptimo de demanda para los productos o servicios de sus empresas. Partiendo de esto estableceremos el siguiente cuadro:

Cuadro 2.1. Estrategias de marketing ante los diferentes estados de la demanda

Estados de la demanda	Estrategias de marketing
Demanda negativa.	Analizar causas y fomentar cambios.
Demanda inexistente.	Motivar al público e incentivar la demanda.
Demanda latente.	Crear el producto que satisfaga la demanda.
Demanda decreciente.	Revitalizar el producto y fomentar su consumo.
Demanda irregular.	Sincronizar la demanda a través de incentivos.
Demanda en exceso.	Reducir la demanda, reorientar el consumo.
Demanda indeseable.	Intentar erradicar la demanda por campañas sociales.

2.3. CLASIFICACION DEL MERCADO

Al hablar de mercado no se puede considerar que existe un único mercado, sino que pueden existir muchas clasificaciones según desde el punto de vista que se contemple.

Es muy importante conocer los diversos tipos de mercado, porque cada uno tendrá un comportamiento diferente y, por tanto, la empresa tendrá que tomarlos de forma diferente también.

De entre los criterios de clasificación los más generalizados son los que muestra el Cuadro 2.2

Cuadro 2.2. Criterios de clasificación del mercado

Según el bien que se comercializa	Según el ámbito geográfico
Mercado de productos de consumo. Mercado de productos industriales. Mercado de servicios.	Mercado local. Mercado regional. Mercado nacional. Mercado internacional.
Según las características del comprador	**Según la novedad del producto**

Mercado de consumidores.
Mercado de organizaciones.
  Mercado del fabricante.
  Mercado del intermediario o
   revendedor.
  Mercado institucional.
	Mercados de productos de 1.ª mano.
	Mercados de productos de 2.ª mano.

2.3.1. Según el bien que se comercializa

En este sentido los mercados se pueden clasificar en:

- Mercado de productos de consumo.
- Mercado de productos industriales.
- Mercado de servicios.

En el **mercado de productos de consumo** se comercializan productos para el uso personal o familiar.

Dentro de este mercado de productos de consumo, existen unos productos que se consumen durante muy poco tiempo después de la compra, y se denominan *productos de consumo inmediato*, mientras que hay otros cuyo consumo se hace a través del tiempo y se denominan *productos de consumo duradero*.

En lo que respecta a los bienes de consumo inmediato, nos referimos a los que se compran con mucha frecuencia, como alimentos, productos de limpieza etc., mientras que los de consumo duradero tienen una periodicidad de compra espaciada, como podrían ser los electrodomésticos, el automóvil, una vivienda, etcétera.

En el **mercado de productos industriales** se comercializan bienes o servicios para incorporarlos las empresas a sus procesos productivos, como son las materias primas y productos manufacturados o semimanufacturados. También pueden considerarse productos industriales aquellos bienes que colaboran en el proceso productivo y de gestión en la consecución de los objetivos empresariales, como podrían ser los bienes de equipo (maquinaria, equipos informáticos y elementos de transporte).

Es muy importante señalar que, en los mercados industriales, la demanda es derivada de los mercados de consumo, o sea, que ellos fabrican para el consumidor final y en última instancia la demanda de los industriales dependerá del mercado de consumidores que tenga.

El **mercado de servicios** se caracteriza fundamentalmente por el carácter intangible de los bienes adquiridos por las personas para satisfacer sus necesidades tanto presentes como futuras. Pueden citarse la educación, la banca, los transportes y los seguros que cubren riesgos futuros.

2.3.2. Según el ámbito geográfico

Esta clasificación también podría obedecer a una división de carácter tradicional, pero a medida que avanzan los procesos de regionalización económica ésta tiende a desaparecer.

En este sentido podría hablarse de mercado local, regional, nacional e internacional, e incluso mundial. No hace falta extendernos en la aclaración de estas denominaciones, pues sus nombres identifican los conceptos. Cuanto hemos dicho queda patente en los empresarios españoles, que cada vez más están sufriendo no sólo los efectos de la competencia de los diferentes países que forman la Unión Europea, sino también de otros países más alejados del nuestro.

A pesar de esta internacionalización de los mercados, para esa empresa pequeña y mediana que vive de su propio mercado y, por diversas cuestiones, está muy bien posicionada, estamos seguros de que continuará siendo importante esta clasificación de mercados que hemos enunciado según el ámbito geográfico.

2.3.3. Según las características del comprador

El director de marketing debe conocer las características del comprador de un producto o servicio, o sea, debe saber qué compra, quién compra, por qué, cuándo, dónde, cuánto y cómo lo utiliza.

En este sentido Kotler establece la clasificación de:

— mercado de consumidores;
— mercado de organizaciones:
  • mercado del fabricante;
  • mercado del intermediario o del revendedor;
  • mercado institucional.

❑ Mercado de consumidores

Está formado por el conjunto de personas que adquieren los productos o servicios para satisfacer sus necesidades de cualquier tipo. La principal unidad de compra en este mercado es el comprador individual o la familia. La decisión de compra es fácil y rápida.

❒ **Mercados de organizaciones**

Esta subclasificación engloba tres tipos de mercados:

• *Mercado del fabricante*

Está formado por todos los individuos o empresas que adquieren productos o servicios con el fin de aplicarlos a la fabricación de otros productos. El número de fabricantes es mucho menor que el de consumidores. Las decisiones de adquisición de sus productos se realizan por personal muy cualificado a través de un proceso de decisión racional.

• *Mercado del intermediario o revendedor*

Este mercado está formado por todos los individuos y empresas que adquieren productos para volverlos a vender sin ninguna transformación sustancial del producto. Estos a su vez los ofrecen al consumidor final. Como ejemplo de este tipo de empresas podemos citar a El Corte Inglés.

• *Mercado institucional*

Está formado por instituciones de la Administración, Comunidades Autónomas o Haciendas Locales; el objeto de la compra es para cumplir determinadas funciones propias de la institución que proceda, como educación, atenciones sanitarias, alumbrado público, etc. Las compras son muy especializadas, y las adquisiciones de productos generalmente las suelen hacer mediante subastas.

2.3.4. Según la novedad del producto

Por lo general, los compradores adquieren productos nuevos, o sea, que no han sido utilizados previamente. Sin embargo, puede darse la circunstancia de que el producto objeto de compra ya haya sido utilizado por otros propietarios anteriores.

Partiendo de estas consideraciones de que los productos comercializados sean nuevos o usados, el mercado puede dividirse en *mercado de primera mano* y *mercado de segunda mano*.

Esta aparición del mercado de segunda mano es propia de la existencia de los denominados bienes duraderos, cuya vida está en función del bien de que se trate. Generalmente, en este mercado las operaciones se realizan a través de los intermediarios. Para determinados bienes, el mercado de segunda mano es casi tan importante como el de primera mano, como por ejemplo en el sector del automóvil.

Como conclusión establecemos un cuadro donde aparecen las diferencias entre los mercados de consumo y mercados industriales:

Cuadro 2.3.   Diferencias de carácter general entre los mercados
de consumidores y los mercados de organizaciones

Características	Mercado de consumidores	Mercado de organizaciones
Número de compradores.	ALTO	BAJO
Concentración geográfica de los compradores.	BAJA	ALTA
Relación fabricante/comprador.	POCA O NULA	ELEVADA
Tamaño de la compra.	PEQUEÑA	GRANDE
Demanda.	POTENCIABLE	DERIVADA
Elasticidad.	DEMANDA ELASTICA	DEMANDA INELASTICA
Decisión de compra.	INDIVIDUAL O COMPARTIDA	MULTIPLE
Estandarización del producto.	ALTA	BAJA
Canal de distribución.	INDIRECTO	DIRECTO
Promoción.	MASIVA	PERSONAL

2.4.   EL COMPORTAMIENTO DEL CONSUMIDOR

El estudio del comportamiento del consumidor y el conocimiento de sus necesidades es una cuestión básica y un punto de partida inicial para poder implementar con eficacia las acciones marketing por parte de las empresas.

Consumidor es *la persona que consume un bien o utiliza un producto o servicio para satisfacer una necesidad.*

Comportamiento del consumidor es *aquella parte del comportamiento de las personas y las decisiones que ello complica, cuando están adquiriendo bienes o utilizando servicios para satisfacer sus necesidades.*

Desde el punto de vista del marketing, y de una forma muy simple y generalamente aceptada, al consumidor se le considera como el «rey», porque de alguna manera las empresas tienen que ir cubriendo sus necesidades en un proceso de adaptación constante propio de la innovación tecnológica, de las nuevas tendencias y, por supuesto, de la evolución del consumo como respuesta al ciclo de vida de la persona (duración física de la vida y su relación con los productos que consume), para lo cual los expertos en marketing deben intuir estas nuevas necesidades e implementar las estrategias que proceda para satisfacerlas.

Todo ello refleja una síntesis sobre la forma en que las personas toman decisiones al aplicar los recursos escasos (tiempo, dinero, etc.) en la adquisición de productos o servicios para satisfacer sus necesidades y deseos.

En este sentido hay una serie de cuestiones a tener en cuenta por parte de los directores de marketing que estudian al consumidor:

¿Qué compra? Supone analizar el tipo de producto que selecciona de entre los diferentes productos que prefiere.

¿Quién compra? Determinar quién es el sujeto que verdaderamente toma la decisión de adquirir el producto, si es el consumidor o quien influye en él.

¿Por qué compra? Analizar cuáles son los motivos por los que adquiere un producto basándose en los beneficios o satisfacción de necesidades que producen al consumidor su adquisición.

¿Cómo lo compra? Tiene relación con el proceso de compra. La decisión de la compra la hace de forma razonada o emocional. La paga con dinero en efectivo o con tarjeta de crédito.

¿Cuándo compra? Hay que conocer cuál es el momento en que compra y la frecuencia de la compra en relación a sus necesidades, que son muy cambiantes a lo largo de su vida.

¿Dónde compra? Esta cuestión se asocia con el lugar de adquisición del bien. Los lugares donde compra, evidentemente, se ven influidos por los canales de distribución y además por otros aspectos relacionados con el servicio, trato, imagen del punto de venta, etc.

¿Cuánto compra? La cantidad física que adquiere del producto, o bien para satisfacer sus deseos o necesidades. Ello implica averiguar si la compra es repetitiva o no.

¿Cómo lo utiliza? Este aspecto tiene relación con la forma de utilización y en algún momento con la cantidad que adquiere y el envase a utilizar o presentación del producto.

A lo anteriormente expuesto añadiremos que el consumidor tomará más o menos consciencia en el proceso de decisión en función de la duración del bien y acentuará su análisis con aquellos bienes que, por sus características, van a necesitar de un servicio de mantenimiento para poder ser utilizados durante el período de su vida normal. Será, pues, necesario tener en cuenta esta cuestión para determinados bienes que pueden necesitar de un servicio de mantenimiento por las averías que puedan tener después del período de garantía, para que puedan ser utilizados durante el tiempo de su vida. Aquí aparece, como veremos después, el denominado proceso de aprendizaje.

2.4.1. Orientaciones del estudio del comportamiento del consumidor

El estudio del comportamiento del consumidor ha sido objeto de reflexión desde hace bastantes años; no obstante, su metodología ha variado hacia una fundamentación más científica con el objeto de mejorar las decisiones de marketing de cara al proceso de comunicación con el mismo. Ha sido analizado desde las siguientes orientaciones:

a) *Orientación económica*. Está basado en la teoría económica, y en este sentido la pieza clave es el concepto de «hombre económico» quien siente unos deseos, actúa racionalmente para satisfacer sus necesidades y orienta su comportamiento hacia la maximización de su utilidad.

b) *Orientación psicosociológica*. Los estudios en esta orientación, además de considerar variables económicas, también están influenciados por variables psicológicas que recogen las características internas de la persona, con sus necesidades y deseos y las variables sociales totalmente externas que ejerce el entorno.

c) *Orientación motivacional*. Se basa en el estudio de los motivos del comportamiento del consumidor a partir de las causas que los producen. Las necesidades son la causa que estimula al ser humano, y éste actúa en consecuencia para poder satisfacerlas.

2.4.2. Las necesidades del consumidor

En una primera aproximación habría que analizar lo que se entiende por necesidad.

> **Necesidad** es *la sensación de una carencia junto al deseo de hacerla desaparecer.*

A partir de esto, cabría admitir que hay unas pocas necesidades como comer, beber, dormir, etc., que implican la supervivencia, y que todas las demás son simples deseos que se pueden evitar, o, por el contrario, son infinitas, llegando a presuponer por parte de algunos autores el concepto de creación artificial de las necesidades.

Este es un tema muy polémico, y nosotros vamos a jerarquizar las necesidades siguiendo los criterios de Maslow, que las clasifica en cinco grados o niveles y sostiene que hasta que no se han satisfecho las de primer grado, no se dejan influenciar por las necesidades de segundo grado. Una vez quedan satisfechas las de segundo grado, se pasará a las de tercer grado, y así sucesivamente.

Este autor nos hace reflexionar sobre la existencia de unas necesidades básicas, limitadas a la supervivencia física, mientras que, por el contrario, las necesidades derivadas de la autorrealización podrían ser infinitas.

De acuerdo con lo expuesto, las necesidades se jerarquizarían en los siguientes niveles:

a) *Necesidades físicas*

1. Fisiológicas. Son aquellas necesidades primarias relacionadas con la supervivencia del ser humano: el hambre, la sed, el sueño.

2. De seguridad. Comprende las que tienen relación con la protección física de las personas: la salud, la seguridad, etc.

b) *Necesidades sociales*

   3. De pertenencia y de amor. Es decir, aquellas que siente el individuo de ser aceptado y también de ser amado por los miembros del grupo a que pertenece, como la familia, los amigos, las asociaciones, etc.

   4. De estimación y categoría. Es decir, aquellas que tiene el individuo de sentirse estimado por los demás y, a su vez, que le reconozcan su valía.

c) *Necesidades del yo*

   5. De autorrealización. Se las denomina también superiores, y cada individuo estará intentando conseguirlas basándose en su sistema de valores.

2.4.3. Influencias en el comportamiento del consumidor

El comportamiento del consumidor está influenciado por una serie de variables que, por razones de metodología, vamos a describir en dos grandes grupos:

— *Variables externas*, que proceden del campo económico, tecnológico, cultural, medio ambiente, clase social, grupos sociales, familia e influencias personales.

— *Variables internas*, que son principalmente de carácter psicológico, y podrían ser la motivación, la percepción, la experiencia, características personales (socio-económicas, psicográficas y demográficas) y las actitudes.

❐ Variables externas

a) *Entorno económico.* Esta variable comprende y analiza la evaluación de las principales magnitudes macroeconómicas que tanto pueden influir en la capacidad de compra de los consumidores y sus pautas de consumo, como son:

   • Renta Nacional y, consecuentemente, la renta per cápita. Cuanto más elevada sea en un país, más capacidad de compra tendrán sus habitantes.

   • El tipo de interés también influye en la adopción de decisiones para la adquisición de bienes. A mayores tasas de interés habrá más restricción en las compras a plazo y, a su vez, fomentará el ahorro, y viceversa.

   • La inflación también afecta a la capacidad de compra y puede alterar las pautas del consumo. Al aumentar la inflación el consumidor dispone de menos renta real para adquirir los mismos bienes.

b) *Entorno tecnológico.* Hay que señalar que los avances en los campos de la electrónica y la informática han sido tan grandes que han revolucionado los procesos de comunicación, el tratamiento electrónico de datos y los sistemas de producción. A título de ejemplo enumeraremos la telefonía móvil, el teleproceso, el tratamiento de masas de datos con las técnicas estadísticas más sofisticadas. La reprografía, el fax como medio de comunicación, el correo electrónico y un gran etcétera que están haciendo cambiar las pautas de consumo.

c) *Entorno cultural.* Entendemos por *cultura* el conjunto de valores, ideas, comportamientos, creencias, normas y costumbres que caracterizan a una sociedad y que se transmiten de generación en generación. Dentro de estos grandes grupos que forman la cultura, se desarrollan otros grupos más pequeños denominados subculturas, que constituyen regiones, grupos religiosos o étnicos. Estos grupos son los que hacen que determinados productos o servicios sean tan populares en unas áreas y en otras no. A nivel de ejemplo, podemos citar el desarrollo del turismo rural, fomentando las culturas, costumbres y hábitos gastronómicos para los turistas.

d) *Medio ambiente.* Cada día está adquiriendo más importancia, porque existe mayor conciencia social de los perjuicios que causan algunos productos y procesos industriales. Las noticias aumentan de manera exponencial en el sentido del agotamiento de los recursos naturales, contaminación de los ríos, el problema de los residuos sólidos, la capa de ozono y la desaparición progresiva de la vida vegetal o animal. La Unión Europea ya ha dictado normativas que regulan la protección del medio ambiente. Todo esto ha llevado a modificar la conducta social tanto de los poderes públicos como de la sociedad en general, y en este sentido están apareciendo los llamados «productos ecológicos o verdes» como son los alimentos biológicos, gasolina sin plomo, automóviles con catalizadores, etc. Esta protección del medio ambiente modificará las pautas de consumo de cara a este tipo de productos que, aunque sean más caros, serán deseados por los consumidores, ya que a largo plazo proporcionarán una mayor satisfacción de las personas y, en consecuencia, una mejora del bienestar social.

e) *La clase social* es una denominación que se utiliza cuando a las personas que componen la sociedad se las agrupa por estratos que pueden ser de carácter bastante permanente y homogéneas, cuyos elementos o variables que motivan la agrupación suelen ser la renta, la ocupación, el tipo de vivienda o zonas de la población donde vive, nivel de educación, profesión, etc. La influencia de la clase social en el comportamiento del comprador en la mayoría de los casos puede ser muy importante, ya que existen una serie de variables que inducen a orientar el consumo en relación a sus posibilidades económicas o, en algunos casos, por encima de ellas. De hecho, el pertenecer a una determinada clase social, para alguien puede implicar la ostentación.

f) *Los grupos de referencia.* Son aquellos grupos de personas a los que puede o no pertenecer el individuo, pero con los que se identifica de alguna manera en sus creencias, actitudes y comportamiento.

g) *La familia.* Es un grupo social primario que tiene una gran influencia sobre los individuos que forman dicho grupo y que afecta a las creencias, actitudes y motivaciones de sus componentes. No obstante, en la vida social moderna la familia como institución universal tiende a evolucionar en el sentido de ir disminuyendo la aceptación de creencias, actitudes y motivaciones entre sus miembros, y ello tiene más o menos intensidad en función del momento en que se encuentre el ciclo de vida de la familia, entendiendo éste como el período temporal en que existe la convivencia entre sus componentes. En este grupo el proceso tiene mucha importancia para el marketing, y en función de la fase del ciclo de vida de la familia se manifestarán situaciones diferentes en cuanto a quién obtiene la información, quién influye, quién decide, quién compra y quién consume.

h) *Influencias personales.* En este apartado vamos a considerar la influencia personal que sobre el consumidor pueden ejercer lo que llamamos prescriptores, como es el médico que receta medicinas, el profesor que recomienda los libros para estudio, el ingeniero que emite su dictamen sobre la viabilidad de un material, etc.

❏ Variables internas

Entre las variables o factores internos que afectan al comportamiento del consumidor podríamos enumerar: las motivaciones, las actitudes o creencias, el comportamiento, el aprendizaje y los estilos de vida.

a) *Las motivaciones.* Son la expresión psicológica de las necesidades, al dar cuenta de las razones por las que se precisa algo.

De forma pragmática, podríamos decir que las motivaciones son un conjunto de estímulos o factores que hacen actuar al individuo en un sentido determinado, y por eso el consumidor dirige su comportamiento a obtener lo que desea, un bien preferido, una marca o lo que sea.

b) *Las actitudes.* Pueden definirse como una predisposición favorable o desfavorable a actuar de una determinada manera frente a un objeto o bien determinado.

El cambio de actitud depende de lo centradas que tenga las ideas dentro de su sistema de valores el individuo.

c) *El comportamiento.* Se puede definir como la manera de actuar del individuo en la sociedad, que es consecuencia de que la actitud se haya llevado a la práctica.

d) *El aprendizaje.* El aprendizaje puede ser considerado como un cambio en la conducta o comportamiento del individuo como resultado de la experiencia.

El aprendizaje es un proceso, mientras que la experiencia es una situación.

La palabra aprendizaje se utiliza en marketing bajo diferentes acepciones: desarrollar una determinada actitud frente a algún conocimiento, variar la respuesta ante un estímulo, modificar la comprensión de un hecho, etc.

Si nosotros implementamos estímulos reiterados sobre situaciones determinadas lograremos respuestas aprendidas a las que se denomina respuestas condicionadas.

Partiendo de lo indicado, los expertos en marketing consideran que se puede fortalecer la demanda de un producto si, después de estudiar las motivaciones del consumidor, se le proporcionan los estímulos y refuerzos reiterados suficientes.

e) *Los estilos de vida.* Son un conjunto de ideas y actitudes que diferencian a un grupo social de otro y caracterizan la relación de los individuos que lo componen con su entorno.

2.4.4. El proceso de decisión de compra

Una vez que se conocen los distintos factores, externos e internos que afectan al comportamiento del consumidor, y que han sido expuestos, debemos abordar el estudio de cómo toma éste sus decisiones de compra.

La compra de un producto o servicio por el consumidor no es un acto aislado, sino que su actuación será resultado de un proceso que irá más allá de la propia compra. Este proceso estará formado por una serie de etapas como son:

a) Reconocimiento del problema o de la necesidad que debe ser satisfecha.

b) Búsqueda de la información en el sentido de averiguar qué productos o servicios existen en el mercado que satisfacen su necesidad.

c) Selección del producto o marca que más le conviene de entre los existentes.

d) Decisión de compra, adquiriendo el producto o marca que ha seleccionado.

e) Utilización del producto y evaluación postcompra, cuyo estudio y conocimiento de la conducta del comprador es muy importante para los directores de marketing con relación a futuras compras.

Esta breve descripción del proceso de compra dependerá, naturalmente, del carácter y forma de ser de cada consumidor, de su posición económica y, por supuesto, del producto que vaya a adquirir. No es lo mismo una persona muy meticulosa en su forma de ser, quien buscará mucha información antes de decidir, que otra persona despreocupada que decide con rapidez. También podríamos añadir como ejemplo que en el proceso de decisión no es lo mismo adquirir un bien de consumo inmediato que uno duradero, y así un sinfín de cuestiones.

2.5. LA SEGMENTACION DE MERCADOS

De una manera primaria podríamos pensar que el conjunto de personas u organizaciones que forman el mercado tienen unas necesidades similares o, por el contrario, estimar que cada una de las personas u organizaciones que lo componen tienen necesidades especiales y diferentes a los demás.

Todas estas personas forman lo que se llama la *sociedad de consumo*, y en esa gran masa de consumidores hay una gran variedad de deseos y preferencias, con motivaciones singulares e influencias variadísimas propias de la evolución tecnológica y de los medios de comunicación, agravado todo ello por una oferta de productos muy superior a las necesidades que realmente tienen los consumidores.

En un mercado en estas condiciones, a la empresa no le queda más remedio que aplicar lo que se llama segmentación.

> **Segmentar** es «*diferenciar el mercado total de un producto o servicio, en un cierto número de elementos (personas u organizaciones) homogéneos entre sí y diferentes de los demás, en cuanto a hábitos, necesidades y gustos de sus componentes, que se denominan segmentos, obtenidos mediante diferentes procedimientos estadísticos, a fin de poder aplicar a cada segmento las estrategias de marketing más adecuadas para lograr los objetivos establecidos a priori por la empresa*».

Mediante la segmentación de mercados la empresa obtiene una serie de ventajas importantes con respecto a la concepción tradicional de análisis de mercado:

— Detecta y analiza las oportunidades que ofrece el mercado, evaluando el grado en que las necesidades de cada segmento están cubiertas con los productos y servicios existentes.
— Puede descubrir segmentos que están sin atender. Esto es una gran oportunidad que le permite a la empresa establecer prioridades.
— Permite conocer los deseos y gustos de los consumidores y, en consecuencia, adecuar los productos y las políticas de marketing a sus preferencias. De esta forma conseguirá consumidores fieles a la marca.
— Al conocer mejor las necesidades de cada grupo específico, la empresa estará en condiciones de fijar sus objetivos de venta con más fundamento, y a su vez podrá implementar mejor sus acciones de comunicación para colaborar con la consecución de dichos objetivos.
— Basándose en las peculiaridades de cada segmento y sus características de consumo, la empresa podrá organizar mejor su red de distribución.

Para poder obtener resultados satisfactorios de la segmentación es necesario que los segmentos obtenidos cumplan con unos requisitos básicos como son:

- *Facilidad de identificación y medida.* Es decir, deben poderse medir y/o identificar el número de personas que integran cada segmento, la existencia de diferencias o no de comportamientos y actitudes entre los segmentos, etc. Los criterios de variables como la personalidad son difíciles de observar y medir, a diferencia de los geográficos y demográficos.
- *Facilidad de acceso.* Como toda estrategia de segmentación, lleva asociada un coste, y la elección del criterio debe realizarse teniendo en cuenta la facilidad y adecuación del coste de localizar a las personas que componen cada segmento.
- *Dimensión adecuada.* Los subgrupos elegidos deben estar formados por un número tal de sujetos que justifique económicamente la adopción de una estrategia por parte de la empresa.
- *Características homogéneas.* Las personas u organizaciones que integran el segmento deben ser muy homogéneos entre sí, y muy diferentes de los componentes de otros grupos.
- *Ser operativos.* Es muy importante que los criterios de segmentación sean fáciles de utilizar en la práctica.

2.5.1. Criterios de segmentación

Existen muchos y diferentes criterios para segmentar; no obstante, y para generalizar, vamos a describir los criterios que más se utilizan y que obedecen a cuestiones de carácter *objetivo* o *subjetivo*.

Entre los primeros figuran los criterios geográficos, demográficos y socioeconómicos. En cuanto a los segundos, éstos se refieren los de personalidad, ventajas buscadas, por comportamiento, estilos de vida, etc.

En la *segmentación geográfica* el mercado se divide según variables como país, región, tamaño del municipio, hábitat, clima, etc. Se basa en la idea de que las necesidades de los consumidores varían según el área geográfica donde vivan.

En la *segmentación demográfica* el mercado se divide en diferentes grupos relacionados con variables demográficas como edad, sexo, tamaño familiar, estado civil, etc.

En la *segmentación socioeconómica* se divide el mercado en función del nivel de ingresos, clase social, actividad profesional, nivel de estudios, etc.

En la *segmentación por la personalidad* se divide el mercado en función de las particularidades que distinguen a cada persona de las demás. En este sentido podemos hablar de conservadurismo, autonomía, autoritarismo, gregarismo, etc., según las personas sean conservadoras, liberales, independientes o dependientes, democráticas o dictatoriales, extrovertidas o introvertidas.

En la *segmentación por los beneficios buscados* debemos decir que esta forma de segmentar no es descriptiva, y se basa en que los consumidores encuentran en los productos ventajas diferentes y los consumen teniendo en cuenta dichas ventajas.

La *segmentación por estilos de vida* es otro criterio de segmentación de mercados, pero diferente de los anteriores. El individuo tiende a adquirir aquellos productos que considera más coherentes con su estilo de vida y, por consiguiente, con aquellos individuos que tienen un estilo de vida similar. De esta manera el marketing agrupa a los consumidores con estilos de vida homogéneos para poderles ofrecer productos adecuados para cada clase de grupos.

2.5.2. La segmentación y posibles estrategias

Después de analizar los segmentos del mercado, la empresa ya conocerá sus grupos objetivo, y el paso siguiente será aplicar la estrategia que considere oportuna para penetrar o consolidar el mercado y, para ello, deberá optar entre tres tipos de estrategias:

— *Indiferenciada.* La empresa no considera diferencias entre los distintos segmentos de mercado y trata a todos ellos con la misma estrategia. La ventaja más importante es la reducción del coste. El inconveniente es que no puede satisfacer los deseos de todos los consumidores con el mismo producto y marketing-mix.
— *Diferenciada.* La empresa ofrece a cada segmento los productos que necesita y el marketing-mix adecuado. La principal ventaja es el incremento de las ventas, la mayor participación en el mercado y fidelidad de la clientela. El inconveniente es el incremento de costes de producción y de las variables comerciales.
— *Concentrada.* La empresa sólo atiende a unos pocos segmentos del mercado, y en ellos concentra su esfuerzo. La ventaja es que consigue una alta participación en el mercado, pero tiene el inconveniente de dedicarse a muy pocos segmentos, lo que supone un gran riesgo.

CONCEPTOS CLAVE

Mercado. Es un conjunto de compradores y vendedores de productos o servicios que por intereses recíprocos realizan procesos de intercambio.
Demanda. La cantidad de un producto o servicio que los consumidores están dispuestos a adquirir.
Mercado de consumidores. Conjunto de personas que adquieren los productos o servicios para satisfacer sus necesidades de cualquier tipo.
Mercado de fabricantes. Conjunto de personas u organizaciones que adquieren producto o servicios con el fin de aplicarlos a la fabricación de sus productos.
Mercado del intermediario. Conjunto de individuos u organizaciones que adquieren productos para volverlos a vender sin ninguna transformación sustancial del producto.
Mercado institucional. Conjunto de instituciones de la Administración, Comunidades Autónomas o Haciendas Locales que adquieren bienes o servicios para cumplir determinadas funciones propias de la institución que proceda.
Consumidor. La persona que consume un bien o utiliza un producto o servicio.

Comportamiento del consumidor. Es aquella parte del comportamiento de las personas y las decisiones que ello implica, cuando están adquiriendo bienes o utilizando servicios para satisfacer sus necesidades.

Segmentar. Es diferenciar el mercado total de un producto o servicio, en un cierto número de elementos (personas u organizaciones) homogéneos entre sí y diferentes de los demás, en cuanto a hábitos, necesidades y gustos de sus componentes, que se denominan *segmentos*, obtenidos mediante diferentes procedimientos estadísticos, a fin de poder aplicar a cada segmento las estrategias de marketing más adecuadas para lograr los objetivos establecidos *a priori* por la empresa

CUESTIONES DE ANALISIS

— ¿Qué recomendación haría usted de cara a fomentar la disminución de la demanda de productos socialmente indeseables?
— ¿Cuáles son los grupos de referencia que podrían influir en la compra de un coche Golf GTI?
— Los efectos del deterioro del medio ambiente son una preocupación para la sociedad. ¿Qué sector industrial considera usted como de los más importantes para colaborar en la mejora del mismo? Razone la reflexión.

LECTURAS RECOMENDADAS

ALONSO RIVAS, JAVIER, y ALONSO RIVAS, GONZALO. «Necesidad de un enfoque interdisciplinar en el área del comportamiento de consumidor». *Alta Dirección*, XVII, n.º 19, septiembre-octubre, 1988, págs. 51-58.

AMAR, BHIDE. «Más allá de Keynes: una nueva economía de demanda». *Harvard-Deusto Business Review*, primer trimestre, 1984, págs. 17-30.

BARNETT, F. WILLIAM. «Cuatro pasos para prever la demanda del mercado total». *Harvard-Deusto Business Review*, n.º 37, primer trimestre (1989), págs. 69-77.

LEVITT, THEODORE. «La pluralización del consumo». *Harvard-Deusto Business Review*, primer trimestre, 1989, págs. 3-6.

CAPITULO 3

La investigación comercial

3.1. CONCEPTO DE INVESTIGACION COMERCIAL

Las empresas intentan comercializar sus productos en mercados donde cada vez existen más oferentes, mercados con competencia creciente y en el que los gustos de los consumidores se modifican.

> ¿Quién podía predecir una caída de las ventas de las bicicletas y una posterior recuperación de las mismas? Son iguales las bicicletas vendidas en los setenta que las vendidas a principios de los noventa. ¿Cómo podían averiguar los fabricantes que debían mezclar las características de las bicicletas de carreras (carretera) con las de tierra (BMX) para crear las nuevas *mountain bykes*?

Algunos de estos aspectos se podían anticipar viendo los usos que daban los consumidores a sus productos, o sondeando la opinión de los posibles compradores; de esto y de otras funciones que permiten desvelar incógnitas o facilitar decisiones se encarga la investigación comercial.

> La **investigación comercial** es «*El procedimiento sistemático de recopilar, registrar y analizar todos los datos relacionados con los problemas en la comercialización de bienes y servicios*». American Marketing Association (A.M.A.).

Si nos fijamos atentamente en la definición expresada, se nombra *el procedimiento sistemático de recogida, recopilación, registro y análisis de datos*, es decir, un proceso de toma de información para plasmar la realidad de una forma clara y simplificada, de manera que facilite el análisis de la misma a los decisores. También se habla de *datos relacionados con los problemas en la comercialización de bienes y servicios*, aspecto que confiere al concepto de investigación de mercados un carácter temporal y puntual, apareciendo en el momento en que se detecta un problema y cesando una vez se ha encontrado una solución aceptable al mismo. No obstante, en la empresa se necesita constantemente investigación aplicada para identificar y resolver problemas de marketing en la gestión cotidiana, de aquí que la denominación anterior se amplíe a la de investigación comercial, con un contenido mas extenso y preciso, pues estudia cualquier problema de marketing y no se limita sólo al estudio del mercado.

Por esta razón son objeto de investigación tanto el producto en sí mismo como su precio, su distribución y los medios para que éste se posicione ventajosamente en el mercado a través de la publicidad, la promoción y la fuerza de ventas.

Las variaciones de gustos en los consumidores, las actitudes de éstos frente a los productos y las empresas, y los motivos que les llevan a tomar decisiones de compra no se producen en un único momento del tiempo, sino que se van configurando continuamente, lo que obliga a la empresa a disponer de información también de forma continua. Por esta razón es preciso organizar la manera de recoger esta información, procesarla y almacenarla para poder ser objeto de utilización en el momento que se necesite. Ello conlleva la creación de un Sistema de Información Marketing (S.I.M.).

3.2. EL SISTEMA DE INFORMACION MARKETING

El **Sistema de Información Marketing** (S.I.M.) es «*Un conjunto de personas, equipos y procedimientos diseñados para recoger, clasificar, analizar, valorar y distribuir a tiempo toda la información necesaria para la Dirección de Marketing*» (Kotler, 1992).

Observando la definición del S.I.M., tal y como hicimos antes con la investigación comercial, podemos ver que su cometido es mas amplio. Por un lado no sólo habla de métodos de recogida de la información, sino también de procedimientos, personas y equipos, lo cual le confiere un carácter de actuación continua. Por otro lado no sólo se dedica a la recopilación y análisis, sino que también se centra en los aspectos de clasificación, valoración y distribución de la información, es decir, recoge la información, la procesa, la cataloga y la archiva, dejándola en condiciones de ser recuperada en el mínimo tiempo posible cada vez que se necesite; por ello debe contar con un departamento u organización dentro de la propia empresa para obtener información tanto procedente de fuentes internas de la compañía como del exterior.

Para llevar a cabo las funciones descritas en la definición del S.I.M. éste cuenta con los siguientes subsistemas: el de *datos internos*, el de *inteligencia marketing*, el de *investigación marketing*, y el de *apoyo a las decisiones de marketing* (Figura 3.1).

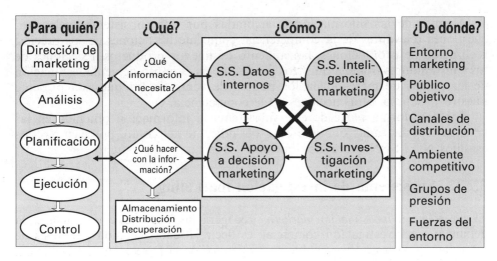

Figura 3.1. Sistema de Información Marketing (S.I.M.).

3.2.1. Subsistema de datos internos

Se encarga de recopilar y manejar la información que se produce en el interior de la organización. Como resultado de su actividad cotidiana, la organización genera una gran cantidad de información, en muchas ocasiones por imperativos legales, que no suele ser utilizada y aprovechada. También podemos ver los distintos informes y estados facilitados por la contabilidad financiera, por cuyo análisis podemos conocer los principales tipos de clientes, niveles de ventas en territorios, por representante, por márgenes, etc., e incluso, dependiendo del grado de detalle de los mismos, la eficacia de nuestro equipo de ventas.

De la misma forma, una contabilidad analítica nos dará información de costes y la forma de obtención de los costes unitarios de productos, o de las necesidades de materiales, etc.

Esta información debe ayudarnos a predecir cuál será la demanda en momentos posteriores y a facilitar el buen funcionamiento de la organización, no sólo en la consecución de las ventas, sino también en la entrega o en la prestación de servicios a los clientes.

3.2.2. Subsistema de inteligencia marketing

La misión de este subsistema es recoger de forma continua y en el plazo de tiempo mas breve posible la información relevante sobre los acontecimientos del entorno de nuestra organización. Este subsistema lleva a cabo la recogida de información tanto a través de personal propio de la empresa (vendedores y agentes comerciales) como de agentes externos relacionados con la organización, como mayoristas, minoristas, comisionistas, etc., con los cuales puede haber una relación comercial.

Algunas de las informaciones facilitadas por este subsistema suelen ser: cuestiones relevantes de la competencia, como modificaciones de los precios, realización de promociones, lanzamiento de nuevos productos, reacciones de los consumidores frente a nuestros productos en el punto de venta, estimación de las cuotas de mercado en los puntos de venta en los que está presente nuestro producto, otras acciones de la competencia, etc.

También forma parte de este subsistema la información obtenida en las revistas especializadas que aparecen periódicamente, como, por ejemplo, los estudios NIELSEN sobre distribución.

3.2.3. Subsistema de investigación marketing

El *subsistema de investigación marketing* recogería las funciones comentadas en la definición de investigación comercial, es decir, diseño, recogida y análisis de información para resolver problemas concretos de la Dirección de Marketing.

Las acciones desarrolladas por este subsistema se pueden llevar a cabo tanto en el interior de la organización como en el exterior. Las empresas de tamaño pequeño podrán acudir normalmente a fórmulas mixtas, utilizando personal del exterior de la organización, o bien acudir a organizaciones especializadas. Las empresas de mayor tamaño, por razones de dimensión, podrán tener sus propios Departamentos de Investigación Comercial, aunque para determinados tipos de investigación, debido a su carácter altamente especializado, es muy recomendable acudir a institutos de investigación de mercados u otras organizaciones especializadas.

3.2.4. Subsistema de apoyo a las decisiones de marketing

Este subsistema proporciona herramientas y modelos estadísticos que permiten utilizar y aprovechar al máximo la información facilitada por los demás subsistemas. Por un lado dispone de un *Banco Estadístico*, en el cual se encuentran distintos tipos de estadísticas (varianza, regresión, correlación, análisis multivariables, etc.) que permiten entender mejor la información, simplificarla o analizarla. Por otro lado cuenta con el *Banco de Modelos*, que es un conjunto de modelos aplicables en el marketing donde se pueden encontrar modelos sobre el ciclo de vida del producto, sobre decisión de compra, sobre reacciones de la demanda ante cambios de precios, modelos de planificación publicitaria, etc. Estos modelos utilizan como datos de entrada la información captada por los demás subsistemas y permiten realizar proyecciones, predicciones, y controles de los logros obtenidos a través de las acciones de marketing.

Como hemos visto hasta ahora, el S.I.M. forma un conjunto de operaciones que no están únicamente encaminadas a la obtención y análisis de la información, sino que a través de las acciones de evaluación de las necesidades de información y de las de gestión y distribución de la misma, permiten establecer un proceso continuo de manejo de información, que se ve facilitado por la utilización de soportes magnéticos de información.

Cuadro 3.1.   Diferencias entre Sistema de Información Marketing
e Investigación Comercial

S.I.M.	Investigación Comercial
Utiliza tanto datos internos como externos.	Utiliza principalmente información externa.
Busca solución y prevención de problemas.	Busca la solución de problemas.
	Se centra en la información del pasado.
Necesita procesos informáticos.	Actúa en momentos determinados para problemas específicos como cortes transversales.
Actúa de forma continua.	
Tiene varios subsistemas.	
	Es un subsistema del S.I.M.

3.3. FUNCION Y AMBITOS DE APLICACION DE LA INVESTIGACION COMERCIAL

Como ya hemos comentado en la Introducción, la investigación comercial es importante, pues actúa como los ojos y oídos de la organización. Sabemos que la Dirección de Marketing lleva a cabo acciones de planificación, ejecución y control de las decisiones referentes al marketing; pues bien, la investigación comercial debe ayudar a que estas acciones se lleven a cabo de la mejor forma posible y en las condiciones más adecuadas de información para los decisores (teniendo siempre en cuenta la función coste-beneficio).

En la Figura 3.2, se muestra cómo se produce el proceso de decisión de la Dirección de Marketing. Por un lado existen una serie de factores del entorno que son difícilmente modificables por los individuos, y que deben ser tenidos en cuenta y respetados a la hora de tomar decisiones; entre estos factores, podemos destacar desde la competencia, la coyuntura económica del país, ..., hasta los gustos personales de los individuos.

La Dirección de Marketing, teniendo en cuenta estos aspectos, debe llevar a cabo unas acciones de *planificación*, para lo cual la investigación comercial tendría que recoger información sobre los factores influyentes y sobre los distintos valores que pueden tomar dichos factores, y crear una especie de escenarios (método de planificación) que permitan prever distintos planes alternativos para la Dirección de Marketing en función de la evolución del mercado y del entorno.

Una vez se ha realizado la planificación, teniendo en cuenta tanto los factores del entorno como todos los recursos propios y capacidades de las que dispone la organización, se debe proceder a llevar a la práctica estos planes mediante la ejecución de las distintas acciones tácticas que conforman la gestión cotidiana del marketing, y se deben realizar teniendo en cuenta las disposiciones y acciones reales que llevan a cabo los competidores en el corto

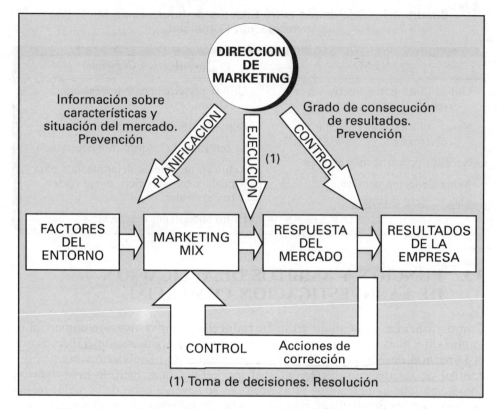

Figura 3.2.   Proceso de decisión de la Dirección de Marketing.

plazo. Muchas de esas acciones y decisiones necesitan información continua sobre la situación real del mercado, por ejemplo sobre cuotas de mercado en distintas áreas geográficas o sobre niveles de satisfacción de los consumidores frente a nuestros productos o servicios, para que la Dirección de Marketing pueda gestionar sus recursos de la forma más eficiente y conseguir los objetivos deseados en el mercado.

Si la organización fuera capaz de realizar y diseñar perfectamente todas sus acciones, se habrían acabado aquí las funciones de la investigación comercial, pero debemos ser conscientes de la utopía planteada. No siempre con las acciones realizadas se consiguen los efectos esperados, y la respuesta del mercado es relativa y depende de muchos factores. Por ello la organización debe esforzarse en controlar cuál es la respuesta del mercado a las distintas acciones realizadas por ella y las reacciones de los competidores, controlando además cómo afecta la respuesta del mismo a los resultados de la empresa.

Cualquier organización empresarial debe centrarse en la consecución de unos beneficios o resultados, y podemos decir que una organización no lucrativa también persigue unos beneficios (aunque no tienen que estar expresados en unidades monetarias). Por ello resulta imprescindible observar cuáles son los resultados de nuestros actos en el mercado al que nos dirigimos, para, en el caso de que no se obtengan los resultados esperados, poder modificar las acciones realizadas. Ejemplos de esta función de *control* pueden ser: el test de recuerdo a las veinticuatro horas, los tests de notoriedad espontánea, las promociones con cupón de respuesta, etc.

En cuanto a los campos de aplicación, podíamos ser muy extensos, pues existen técnicas especializadas en casi cualquier tipo de análisis a realizar, pero principalmente se aplica en:

Estudio del comportamiento del consumidor:
    Estudio de las actitudes de los consumidores.
    Estudio de los gustos y preferencias.
    Estudio de los estilos de vida.
    Estudio de los patrones de consumo.
    Estudio de los lugares de compra.
    Estudio de los motivos de compra.

Análisis del producto:
    Posibilidades de nuevos productos (técnicas proyectivas y de creatividad).
    Percepciones de los producos propios y de la competencia.
    Estudio de los productos actuales, atributos, características, usos y deficiencias.
    Estudios sobre el envase.
    Estudios sobre la marca.

Estudio del mercado:
    Potencial de mercado.
    Cuota de mercado.
    Distribución geográfica y temporal de las ventas.
    Previsión de la demanda a corto, medio y largo plazo.
    Características del mercado.
    Efectividad del equipo de ventas.
    Localización de nuevos mercados y puntos de venta.
    Estudios sobre distribución.

Estudio de la comunicación:
    Medida de la eficacia publicitaria.
    Investigación de medios de comunicación.
    Preparación y control de las promociones de ventas.
    Estudios sobre creatividad y mensaje publicitario.

3.4. TIPOS DE INVESTIGACION COMERCIAL

La investigación comercial nos puede llevar a obtener información basándose en nuestras necesidades utilizando criterios diferentes, lo cual determina distintas tipologías de estudios, con las siguientes clasificaciones.

3.4.1. Según la naturaleza de la información

Los tipos de investigación, según la naturaleza de la información utilizada, puden clasificarse en investigación *cuantitativa* y *cualitativa*.

❐ Investigación cualitativa

La *investigación cualitativa* es aquella que proporciona información de las actitudes, motivaciones o también las opiniones de los individuos en relación a su conducta externa. Generalmente, en este campo de investigación se suelen utilizar una serie de técnicas. Entre ellas, las más importantes son las entrevistas en profundidad o de grupo. Se realizan entrevistando a personas individualmente o en grupo para averiguar sus preferencias, deseos u opiniones acerca de determinadas cuestiones.

❐ Investigación cuantitativa

La *investigación cuantitativa* es aquella que se realiza con el objetivo de obtener información mesurable. Por ejemplo, en determinados casos, además de saber si el producto gusta o no al cliente, es necesario conocer cuántos clientes consumen dicho producto, en cuántos puntos de venta se comercializa, etc.

3.4.2. Según la procedencia de la información

Este criterio identifica el lugar de obtención de la información.

❐ Estudios de gabinete

Son los que utilizan información procedente del interior de la empresa, o también del exterior, pero ya elaborada previamente.

❐ Estudios de campo

La información utilizada por los mismos procede del exterior de la empresa, o sea, información primaria que hay que elaborar.

❐ Estudios mixtos

Generalmente, en la mayoría de las ocasiones la empresa utiliza información interna y externa, (ya elaborada) y, además, información primaria (del exterior) que hay que elaborar.

3.4.3. Según la técnica de recogida de la información

En función de las necesidades de información de la empresa, el tiempo de obtención de la misma y los recursos disponibles de la compañía, se utilizan distintas técnicas que se describen a continuación.

❏ **Encuesta**

Es un método fundamental para obtener información en la investigación comercial. El investigador recaba datos entrevistando una muestra de personas u organizaciones seleccionadas entre un grupo numeroso del mercado al que se dirige.

Hay tres métodos para efectuar encuestas: entrevistas *personales*, por *correo* y por *teléfono*. Cada uno de ellos tiene sus ventajas e inconvenientes, y debe utilizarse el apropiado para cada caso.

Independientemente de la opción escogida, es necesario utilizar un **cuestionario,** que es un impreso donde hay un conjunto de preguntas, en un orden preestablecido y con unas características propias de la información que se requiere, y que deberán ser cumplimentados por los entrevistados.

Un aspecto muy importante, aunque dejado de lado por muchos autores, es el tener en cuenta, en la redacción del indicado cuestionario, qué tipo de análisis se va a aplicar a la información obtenida de acuerdo con los objetivos, puesto que si esto es obviado nos podemos encontrar con datos que no sirven para nada o que no pueden ser utilizados por distintas técnicas de análisis de datos.

a) *La encuesta personal:* De las tres encuestas mencionadas, es la más flexible porque hay una relación entre entrevistador y entrevistado en el momento de la entrevista, o sea, pueden hacerse las aclaraciones necesarias. Es fiable, porque se tiene la certeza de quién contesta, el índice de respuestas es elevado y pueden mostrarse materiales auxiliares, como láminas, fotografías, etc., que ofrecen calidad de información y gran volumen de datos. Como inconvenientes citaremos el precio, que es bastante elevado, y el tiempo de realización, que es bastante prolongado.

b) *La encuesta por correo:* El investigador envía por correo un cuestionario al entrevistado, quien lo rellena cuando le parece y se lo devuelve. Generalmente, al cuestionario le acompaña una carta de presentación y justificación de los motivos de la encuesta. El método es muy barato; el entrevistado no puede estar influido por el entrevistador. Puede llegar a cualquier persona por lejos que esté. Como inconvenientes citamos la baja tasa de respuestas; además, no proporciona garantías de que el cuestionario haya sido contestado por la persona que se pretendía entrevistar. El cuestionario no debe ser muy extenso. Para evitar los inconvenientes de la falta de respuesta, se suelen enviar cuestionarios de seguimiento, o a veces incluir también algún incentivo económico; otras veces adopta diferentes formas como regalos, etc. En determinadas ocasiones, por razones de rapidez o situaciones muy especiales, y atendiendo a un reducido número de entrevistados, se utiliza el fax.

c) *La encuesta telefónica:* En los tiempos modernos cada vez se utiliza más este tipo de encuesta, pues por una parte todo el mundo tiene teléfono, y por otra la tecnología moderna permite disponer de paquetes informáticos de manera que cuando el entrevistador acaba de grabar la información, el mismo paquete realiza la exploración. Tiene ventajas como poder entrevistar a personas muy ocupadas; la rapidez permite la comunicación directa con el entrevistado y el coste es relativamente bajo. Entre los inconvenientes, están las limitaciones del cuestionario, que no puede ser extenso ni mostrar tarjetas ni otros objetos.

❏ La observación

Consiste en obtener datos fijándonos en el comportamiento de un sujeto. No se necesitan entrevistas a menos que el entrevistador quiera hacer un seguimiento, aunque esto se realizaría después de terminada la acción de observación.

La observación suele ser personal o mecánica, aunque las innovaciones tecnológicas tienden a llevar a cabo observaciones cada vez más a través de dispositivos electrónicos. En los supermercados los *scanners* nos ayudan en el control de inventarios y también a conocer los hábitos de compra y preferencias de los clientes. También nos valemos de las cámaras de televisión en circuito cerrado, o las cámaras fotográficas en determinados lugares para efectuar observaciones y hasta tenerlas controladas.

En la observación el investigador observa cómo actúa la persona en determinada situación; sin embargo, no puede investigarse por qué el sujeto realizó tales actos.

❏ La experimentación

Consiste en crear un experimento controlado por parte de los investigadores con el fin de simular situaciones reales del mercado, o sea, pretende provocar una conducta en el consumidor para estudiar sus reacciones.

La experimentación se realiza a pequeña escala en una determinada zona. Este mercado se conoce como *mercado de prueba*, que debe caracterizarse por reproducir las mismas circunstancias que se darán después en la realidad.

Esta técnica es muy útil para disipar dudas acerca de la modificación de una de las variables del marketing mix y cómo responden los clientes ante tal situación. El decisor en marketing actúa con menor incertidumbre si una estadística de ventas le ayuda a decidir que los efectos promocionales en determinado producto han sido muy positivos para el consumidor objeto del experimento.

La realización de la experimentación debe ser estudiada y requiere de un proceso de aplicación que se describe a continuación:

- *Fijación de objetivos.* Hay que determinar la variable cuya influencia en otra se quiere comprobar.
- *Fijación de la zona.* El mercado de prueba debe reunir condiciones de representatividad. De ser un mercado con zonas muy heterogéneas, podría elegirse más de una zona para practicar la experimentación.
- *Especificar las unidades experimentales.* Estas pueden ser individuos, empresas o mercados cuya respuesta al tratamiento experimental es objeto de estudio (unidades de prueba) o simplemente son observados durante el período de prueba sin someterlos al tratamiento (unidades de control) con el fin de contrastar los resultados obtenidos con las unidades de prueba.
- *El tiempo de duración del experimento.* Depende de la frecuencia de compra del producto de que se trate.
- *Elección del diseño experimental.* Es el proceso de planificar un experimento para obtener datos apropiados que puedan ser analizados mediante métodos estadísticos. Estos diseños pueden ser muy diversos en función de la experimentación realizada.
- *Realización del experimento.* Cuando se realiza el experimento es fundamental vigilar el proceso para asegurarse de que se realiza basándose en lo previamente planificado.
- *Análisis de la información.* Esta fase final consiste en emplear métodos estadísticos para estudiar los datos de modo que los resultados y conclusiones sean totalmente objetivos. De esta forma comprobaremos la influencia ejercida, si es que la hay, de la variable independiente sobre la dependiente.

❏ Otros métodos de recogida de información

Entre los demás métodos no citados de recogida de datos podemos destacar dos principalmente. Estos son el *panel* y la *encuesta ómnibus*; ambos se caracterizan por ser llevados a cabo desde el exterior de la organización y por empresas especializadas, además de tener ambas un carácter periódico y temático en sus contenidos.

1. El *panel* es un método de recogida de información de tipo cuantitativo que es de tipo temático, centrándose en las características de los entrevistados; por ello podemos hablar de panel de consumidores, de amas de casa, de detallistas, de audiencia, de bebés, de adolescentes, de automóviles, etc. El panel, como ya se ha comentado, parte a iniciativa de un instituto de investigación comercial y selecciona una *muestra*, que generalmente es de un tamaño muy grande, a la que va a interrogar de forma repetitiva cada cierto período de tiempo con las mismas preguntas. Ello supone que va a tener una continuidad o permanencia en los

individuos que componen la muestra, siendo la pauta común renovar entre un 10 y un 25 por 100 de los entrevistados cada año. Este método, puesto que repite las mismas preguntas, en cada período utiliza cuestionarios autoadministrados, es decir, que son cumplimentados por los propios entrevistados (diario de compra), o también puede utilizar otros medios automáticos de recogida de la información (audímetros). La ventaja de este método estriba en la continuidad temporal de la información obtenida, que nos permite observar de forma longitudinal la evolución de las variables. Normalmente, los datos obtenidos a través del método panel son de tipo cuantitativo como: cantidad comprada, precio de compra, lugar de compra (tipo de establecimiento), presencia de promociones en el momento de la compra, o simplemente el uso de una cadena de televisión en distintos momentos. Todos estos datos son recogidos por la empresa de investigación de mercados, que luego comercializa en su totalidad o por partes entre las distintas empresas productoras interesadas. Dependiendo del nivel de cobertura del panel se pueden obtener informaciones desglosadas por tipos de familias, áreas geográficas o mercados predefinidos. El coste de este tipo de información suele ser elevado, aunque también es bastante útil para la organización, puesto que no sólo puede comparar la información relativa a sus propias marcas, sino que también puede obtener la referente a sus principales competidores.

Entre los principales tipos de panel que hemos nombrado, podemos destacar el de hogares o amas de casa, que intenta medir los datos relativos al consumo de los mismos, y como panel complementario se puede citar el *dubstin check*, en el que los entrevistados deben guardar en un recipiente adecuado todos los envoltorios de los artículos consumidos por los miembros del hogar. Otro de los paneles mas importantes es el de audiencia, en el que se intenta medir los niveles de audiencia de los distintos medios de comunicación de masas (radio y TV) a través de unos instrumentos de registro electronicos denominados *audímetros*.

2. La *encuesta ómnibus*, como ya hemos comentado, tiene aspectos comunes con el panel, y como indica su nombre se trata de un tipo de encuesta, aunque cuenta con unas particularidades propias. El hecho de que se trate de un estudio temático, hace referencia como en el caso anterior a las características de los individuos entrevistados. Se trata de un estudio periódico y a iniciativa de un instituto de investigación comercial, el cual anuncia en los medios de comunicación la realización de dicha encuesta, para que los distintos interesados en estudiar al público objetivo del ómnibus, puedan acudir al instituto para adquirir un espacio dentro del cuestionario. Entre los distintos tipos de ómnibus realizados podemos nombrar el del mueble, de agricultura, de adolescentes, de amas de casa, etc.

La principal ventaja de la encuesta ómnibus es que reducĕ el coste de obtención de la información para los destinatarios finales de la misma, puesto que comparten los gastos de estructura. El principal inconveniente es la diversidad o disparidad de las preguntas que se pueden introducir dentro de un cuestionario, puesto que puede darse el caso de que en un ómnibus de adolescentes aparezcan cuestiones sobre chocolatinas, seguidas de cuestiones sobre calzado y después cuestiones sobre formas de peinado o disposición del tiempo libre, con los efectos de confusión y distracción que ello puede suponer al entrevistado. Otra de las diferencias principales con respecto al panel es que en los estudios ómnibus la muestra no es constante, con lo cual no se pueden obtener datos de evolución de variables con la misma fiabilidad.

3.5. EL PROCESO DE LA INVESTIGACION COMERCIAL

La investigación comercial, aun siendo calificada de acción puntual en un momento del tiempo, puede ser definida como un proceso que consta de diversas etapas. En la figura siguiente se observa cuál es el esquema general del proceso de la investigación comercial, aunque no siempre que se lleve a cabo una investigación comercial se ha de pasar obligatoriamente por todas y cada una de las etapas.

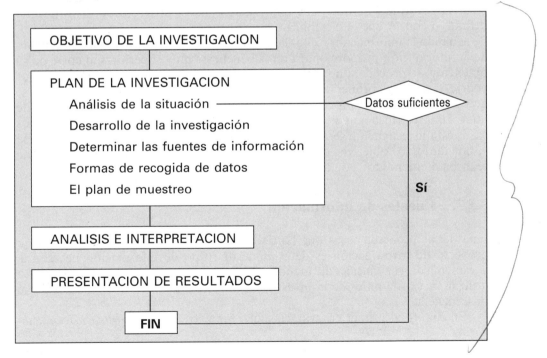

Figura 3.3. Proceso de la investigación comercial.

Seguidamente pasamos a describir el contenido de cada una de ellas.

3.5.1. Definición de objetivos

Cuando el gestor de una empresa tiene que tomar una decisión y no tiene la información puntual que necesita, hay que recurrir a la realización de una investigación comercial. Para ello la fijación de objetivos por parte del gestor debe estar muy clara para que el investigador lo entienda, pueda identificar sus necesidades de información y definir qué cuestiones deben ser investigadas, pues esta primera fase es básica para que el proceso se inicie bien, ya que las respuestas del investigador orientarán la decisión de una u otra alternativa al decisor.

3.5.2. Diseño del plan de investigación

Este plan para llevar a cabo el estudio necesariamente deberá explicar con todo detalle cómo se efectuará la investigación, qué tipo de datos deberán reunirse, y también dónde y cómo se obtendrán. En este sentido, antes de iniciar un proyecto de investigación comercial, habrá que valorar el coste del mismo y su eficacia en la medida de las posibilidades. Para ello habrá que cerciorarse de que se ha hecho un buen *análisis de la situación*, y el investigador, todavía en un proceso informal, recobra la información necesaria para tener la seguridad de que debe empezarse o no el proyecto de investigación definitivo con lo que ello implica.

Cuando la información recogida no es suficiente, o se estima que un aumento de la información proporcionará unos beneficios muy superiores al coste de su obtención, se procederá a la fase siguiente de *desarrollo de la investigación*, que ocurre cuando el primer análisis de la situación no ha sido suficiente y se necesita seguir con el proceso de investigación comercial, siendo necesario de nuevo una clarificación y definición de los objetivos, puesto que en muchos casos esta investigación será realizada por una organización ajena a la empresa y, por tanto, los objetivos deben expresarse de forma clara y concisa para que sean bien entendidos por dicha empresa.

3.5.3. Fuentes de información

Una de las primeras cosas que ha de hacer el investigador cuando diseña un proyecto de investigación es determinar qué tipo de información necesitará, y ésta puede ser clasificada atendiendo a dos criterios: si la información a utilizar ya existía antes de la investigación o no, y también a las fuentes de su procedencia.

En cuanto al primer criterio, clasificaremos los datos en *primarios y secundarios.*

Los datos *primarios* se recopilan específicamente para el proyecto actual, mientras que los *secundarios* son aquellos que ya existen por haber sido elaborados previamente y aparecen recogidos en estadísticas, libros, revistas, bases de datos o estudios anteriores.

En cuanto a la procedencia de las fuentes, podemos clasificar la información en *interna* o *externa*, según proceda del interior o del exterior de la empresa.

La información secundaria suele ser relativamente barata, y su captación es bastante fácil y también rápida; no obstante, en algunos casos:

a)   Es difícil que pueda ser utilizada tal y como se obtiene, y hay que someterla a algún tratamiento.

b)   Suele ser insuficiente para resolver completamente los problemas que se plantean en los proyectos de investigación.

La información debe reunir principalmente tres características:

— Que sea *fiable* (calidad de la fuente y forma de obtención).
— Que sea *homogénea* (siempre las mismas variables).
— Que sea *actual* (que esté al día, o sea, datos recientes).

Los investigadores, siempre que la información goce de las características antes mencionadas, deberán agotar las fuentes de datos secundarios disponibles antes de empezar el proceso lento y costoso que conlleva la consecución de datos primarios.

Seguidamente mencionamos la procedencia institucional de algunas de las fuentes de datos secundarios:

— Publicaciones del Gobierno y Comunidades Autónomas.
— Cámaras de Comercio.
— Asociaciones de industriales y comerciantes.
— Empresas e institutos de investigación de mercados.
— Agencias y medios de publicidad.
— Asociaciones profesionales.

Una vez reunida la información necesaria a partir de las fuentes secundarias, y ver que éstas no son suficientes para atender las necesidades que plantea el proyecto de investigación comercial, es necesario recurrir a la información primaria.

3.5.4.   Obtención de los datos

Un soporte de recogida de información se realiza a través del *cuestionario*, que, como ya dijimos, es un impreso con unas preguntas determinadas. El diseño del cuestionario presenta muchos inconvenientes. La redacción del mismo es un arte, y requiere experiencia y profesionalidad. El cuestionario debe estar redactado en un lenguaje claro y directo, no debe tener preguntas ambiguas o que se contradigan entre sí, ni que puedan ocasionar errores en la respuesta.

En él deben formularse preguntas cerradas con un número determinado de respuestas posibles y abiertas, que no indican las posibles respuestas. Ambos tipos de preguntas tienen ventajas e inconvenientes; no obstante, según la opción elegida de encuesta se utilizan unas más que otras.

El orden de las preguntas es muy importante, puesto que la dificultad o no de las primeras preguntas, así como su sencillez, pueden motivar más o menos al entrevistado en la contestación de las respuestas. Existen las llamadas preguntas de contacto, que inspiran confianza, y preguntas filtro, cuya respuesta excluye la realización de otras.

Generalmente, antes de pasar a la redacción definitiva del cuestionario se suele hacer alguna entrevista en profundidad y unas dinámicas de grupo con personas que conocen la realidad del mercado y nos pueden descubrir alguna cuestión o particularidad con relación a estructurar mejor o ampliar las preguntas que se deben introducir en el cuestionario de cara a mejorarlo.

3.5.5. Plan de muestreo

Cuando se pretende determinar una información sobre un conjunto de individuos, se puede proceder a preguntar a todos y cada uno de ellos, pero los costes pueden superar a los beneficios de la información obtenida, y es en estos casos cuando se debe acudir al muestreo. Existe la posibilidad de recoger la información de un grupo reducido de individuos que resulte representativo del total de la información. Esto es el *muestreo*, y para llevarlo a cabo hay diversas alternativas. Un primer grupo de técnicas de muestreo son las que se apoyan en conceptos y principios estadísticos, y reciben dicho nombre por ello; entre éstos se encuentran: el muestreo aleatorio simple, el sistemático, el estratificado, el de conglomerados y el de etapas. Por otro lado existen otros que se basan en el azar, aunque no tienen fundamento estadístico para mostrar su fiabilidad; éstos son los no probabilísticos, y entre ellos podemos nombrar al muestreo por rutas aleatorias y el muestreo por cuotas.

El *muestreo aleatorio simple* consiste en partir de la posesión de información sobre el conjunto de la población a investigar (*población*), realizar una selección de un conjunto de individuos elegidos al azar, utilizando un generador de números aleatorios; con ello estamos dando a todos y cada uno de los individuos de la poblacion la misma probabilidad de salir escogidos en la muestra, con lo que son representativos estadísticamente. Uno de los inconvenientes de este tipo de muestreo es la dificultad y coste de obtención del censo de la población.

El *muestreo aleatorio sistemático* es muy semejante al anterior; también necesita de un listado de la población, aunque sólo utiliza los números aleatorios para la extracción de un individuo de la población, los demás se extraen aplicando una proporción a partir del mismo, es decir, sistemáticamente.

El *muestreo estratificado* consiste en dividir el universo a estudiar en distintos grupos o estratos y realizar sobre cada uno de ellos un muestreo aleatorio simple, con lo cual necesitaremos un censo de toda la población como en los casos anteriores.

El *muestreo por conglomerados* permite reducir la información necesaria para ser llevado a cabo; por un lado se necesita la creación de unas unidades necesarias para el muestreo. Estos son los *conglomerados*; sustituyen a los individuos del muestreo aleatorio simple, es decir, se pueden utilizar pueblos, barrios, edificios, etc., sobre los cuales se aplica el muestreo aleatorio simple. Una vez escogidos los conglomerados a estudiar se procede a obtener el censo de los mismos y realizar un nuevo muestreo aleatorio simple, con lo cual sólo se necesitan los censos de los conglomerados escogidos al azar.

El *muestreo por etapas* consiste en la realización de los muestreos en fases sucesivas; algunos de los descritos pueden ser catalogados de polidápicos o por etapas, de forma que primero se crea una muestra, y luego sobre ésta se realiza un segundo muestreo.

El *muestreo por ruta aleatoria* supone la elección de creación de unas zonas en las cuales se van a extraer los componentes de la muestra; se utiliza para entrevista personal y se selecciona de forma aleatoria a los entrevistados basándose en una tabla basada en números aleatorios denominada *selector*.

El muestreo por *cuotas* se emplea cuando se le exige a la muestra que cumpla con una determinada (*cuota*) cantidad de individuos que cumplan una cierta característica, como edad, sexo, ingresos, etc.

El tamaño de la muestra se obtiene al exigirle a la misma unos niveles de representatividad (confianza) y al fijarle un máximo de error permitido; para ello se pueden aplicar distintos tipos de fórmulas.

3.5.6. Análisis e interpretación de los datos

Una vez se ha finalizado el trabajo de recogida de la información por el procedimiento escogido, nos encontraremos con una gran cantidad de datos en bruto que se deberán procesar para poder utilizarlos. Lo que haremos será convertir la información obtenida en utilizable.

El primer paso es la *tabulación*, que consiste en el recuento del número de respuestas obtenido en cada una de las preguntas del cuestionario, con el fin de agruparlas de forma homogénea para poder trabajar con ellas. Estos datos tabulados se someten a diversas técnicas de análisis cada vez mas complejas.

Tradicionalmente, este análisis se ha venido realizando mediante procedimientos estadísticos que generalmente se limitaban a tratar dichos datos de forma totalmente descriptiva, realizando cruces entre las variables que más nos convenían de cara a poder dar mayor contenido y expresión a la información de que se disponía. La investigación aplicada, cada día más, se encuentra con fenómenos complejos que requieren para su análisis una considerable cantidad de variables. En la actualidad, y gracias a la microinformática ya disponible y a cualquier nivel de uso, con gran capacidad de memoria y proceso, unido al desarrollo de paquetes de software cada vez con técnicas estadísticas más sofisticadas (análisis multivariable), nos permite ampliar los tratamientos de datos a dicho análisis, superando los desarrollados hasta no hace muchos años con análisis estadístico uni y bivariante.

Con estas posibilidades ofrecidas por la informática, se puede cumplir uno de los objetivos fundamentales de la aplicación del análisis multivariable, que consiste en reunir y sistematizar grandes conjuntos de datos y variables en función de ciertos objetivos, de cara a obtener informaciones válidas que permitan una mejor comprensión del fenómeno objeto de estudio.

3.5.7.   Presentación de resultados

Es primordial que los estudios, análisis e investigaciones realizados resulten útiles a las entidades que han pedido su ejecución. Para ello, se debe proceder en todos los casos a una correcta presentación de resultados, de forma que se presente siempre una *memoria de ejecución*, en la cual se describan todos los procesos, tipos de análisis realizados, incidencias, y demás datos técnicos, así como los resultados del estudio. También se debe presentar un *resumen de los resultados obtenidos*, teniendo en cuenta que será el documento que más utilización va a tener. Por ello, en la medida de lo posible, debe ser un documento breve, y lo más gráfico posible, de forma que permita una clara comprensión de la información y pueda ser interpretado con facilidad; de lo contrario, el estudio dormirá el sueño de los justos. Tras la finalización del estudio, se procede al acto de entrega del mismo y presentación del informe. En dicha reunión, con la ayuda de los médios gráficos, se realiza una reconstrucción de todo el proceso gráfico llevado a cabo, y se explican cuáles han sido los resultados y su interpretación. A partir de aquí se resuelven las dudas que se planteen haciendo las aclaraciones oportunas, todo ello con vistas a verificar si se han cumplido los objetivos establecidos al principio del proceso.

CONCEPTOS CLAVE

Investigación Comercial. Procedimiento sistemático de recopilación, registro y análisis de datos relacionados con los problemas de comercialización de bienes y servicios.

S.I.M. Conjunto de personas equipos y procedimientos diseñados para recoger, clasificar, analizar, valorar y distribuir a tiempo toda la información necesaria para la Dirección de Marketing.

Cuestionario. Soporte físico de la información recogida mediante encuesta, que está formado por un conjunto de preguntas, presentadas en un orden preestablecido.

Encuesta. Método de recogida de información, en el que se establecen unos objetivos o finalidad de información a recoger, y en el que existe una interacción entre entrevistador y entrevistados (no siempre implica contacto personal).

Observación. Método de recogida de la información referente al comportamiento de los individuos, que la recoge sin mediar interacción directa con el individuo.

Experimentación. Método de recogida de información que intenta medir la influencia de unas variables controlables (tratamiento experimental), sobre un fenómeno o comportamiento a estudiar.

Panel. Método de recogida de información cuantitativa, que utiliza una muestra de gran tamaño, que es casi permanente y que proporciona datos de tipo longitudinal, sobre la evolución de las variables medidas en el mismo.

Muestra. Subgrupo de individuos que forman parte de la población objetivo del estudio y que reunen las condiciones de representatividad del conjunto total estudiado.

CUESTIONES DE ANALISIS

1. ¿Cuál puede ser la causa por la que cada vez más se necesita la investigación comercial?
2. Para una cadena de alimentación, ponga ejemplos entre investigaciones comerciales de carácter permanente y las realizadas de forma esporádica.
3. Al iniciar una investigación comercial necesitamos información de diferentes procedencias. Según sea ésta interna o externa, ponga ejemplos de ambos tipos.
4. ¿Podría citar un ejemplo en el que fuera conveniente realizar una encuesta por fax?
5. En caso de tener que analizar los motivos de consumo de cerveza, diga qué tipo de diseño de investigación realizaría. Razone la respuesta.

LECTURAS RECOMENDADAS

¿Qué es la Investigación de Mercados?, European Society for Opinion and Marketing Research (E.S.O.M.A.R.), 1989. Traducido al castellano por A.E.D.E.M.O.; Asociación Española de Estudios de Mercado, Marketing y Opinión. C/ Compte d'Urgell, 152, ático, 08036 Barcelona.

¿Cómo interpretar y publicar los resultados de las encuestas? European Society for Opinion and Marketing Research (E.S.O.M.A.R.), 1989. Traducido al castellano por A.E.D.E.M.O.; Asociación Española de Estudios de Mercado, Marketing y Opinión. C/ Compte d'Urgell, 152, ático, 08036 Barcelona.

CAPITULO 4

La planificación comercial

4.1. FUNDAMENTOS DE LA PLANIFICACION COMERCIAL

La planificación comercial comprende el análisis de la situación interna y externa, la determinación de objetivos comerciales y la formulación de estrategias conducentes a ellos, así como su implementación y control. La planificación comercial se traduce en planes de marketing que contemplan las actividades reseñadas en el marco de un horizonte temporal.

La planificación comercial se integra dentro de la planificación estratégica de la empresa.

> La **planificación estratégica** es «*el análisis racional de las oportunidades y amenazas que presenta el entorno para la empresa, de los puntos fuertes y débiles de la empresa frente a ese entorno, y la selección de un compromiso estratégico entre estos dos elementos que mejor satisfaga las aspiraciones de los directivos en relación con la empresa*» (Menguzzato y Renau, 1991).

El enfoque de la dirección estratégica da un paso más, e incorpora al planteamiento de la planificación estratégica la implantación de programas y presupuestos que desarrollan la estrategia conducente al logro de los objetivos propuestos, y el control *a posteriori* que permita la adopción de acciones correctoras en el caso de existir desviaciones en la consecución de los objetivos.

En la Figura 4.1. se recoge el enfoque de planificación comercial descrito con anterioridad. Este proceso parte del análisis de situación que engloba el nivel externo que incluye un análisis del mercado, de la competencia, del sector y del entorno, y un análisis interno que incluye el análisis de las áreas de marketing, producción, finanzas, organización y otras como personal e investigación y desarrollo. El primero de los análisis dará lugar a la detección de las oportunidades y amenazas, mientras que el segundo supondrá la definición de los puntos fuertes y débiles de la empresa. El análisis de situación da paso a la

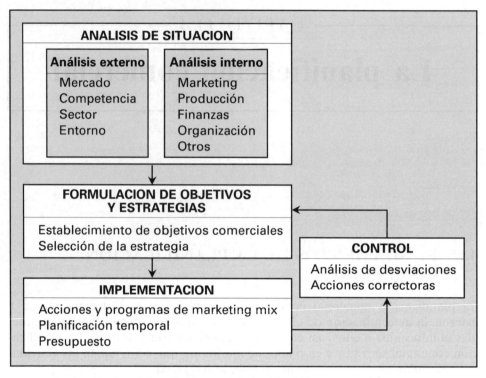

Figura 4.1. Enfoque de planificación comercial.

fase de formulación, que incluye el establecimiento de los objetivos comerciales y la consecuente evaluación y selección de la estrategia comercial más adecuada. Posteriormente, la implementación de acciones y programas de marketing mix con un calendario temporal y un presupuesto permitirán el logro de los objetivos. Sin embargo, la consecución de éstos no siempre se produce, y debe ser en todo caso evaluada y controlada con el fin de detectar las posibles desviaciones y el establecimiento, en tal caso, de acciones y programas correctores.

4.2. ANALISIS DE SITUACION

La finalidad del análisis de situación es la de evaluación de la empresa en relación con su producto-mercado. Esta etapa consiste en analizar las amenazas y oportunidades del mercado y en conocer cuál es la posición de la empresa. Su papel es determinante para la posterior determinación de los objetivos y selección de la estrategia. Esta actividad se desglosa habitualmente en un análisis externo y otro interno, de los que nos ocuparemos a continuación. El proceso de planificación comercial está inmerso en el proceso de planificación estratégica de la empresa y, por lo tanto, buena parte del análisis de situación vendrá establecido por los niveles jerárquicos más elevados que el departamento de marketing. En este sentido, la misión de la empresa estará ya establecida y será un elemento básico de referencia para la planificación comercial.

4.2.1. Análisis externo

El **análisis externo** consiste en *la identificación de las amenzas y oportunidades derivadas del producto-mercado en el que se desarrolla una empresa.*

Generalmente las empresas comercializan varios productos, incluso en mercados diferentes. Para analizar los diversos productos y evaluarlos comparativamente se utilizan modelos de portafolio, recogidos en la Figura 4.2, como

Figura 4.2. Modelos de portafolio.

la matriz del Boston Consulting Group, que relaciona el crecimiento del mercado con la participación del producto en dicho mercado, y la matriz de General Electric y McKinsey, que interrelaciona el atractivo del mercado con la posición competitiva.

Generalmente, el análisis externo incluye diversas áreas de análisis: mercado, competencia, sector y entorno. Detengámonos brevemente en cada una de ellas.

Análisis del mercado

El análisis del mercado tiene por objeto la determinación de los consumidores objetivo, así como sus características esenciales. Entre las actividades que se incluyen dentro de este análisis puede distinguirse entre aspectos globales y aspectos de comportamiento.

Entre los primeros se incluye la determinación del tamaño del mercado, potencial de crecimiento y evolución de la demanda, segmentos de mercado específicos, necesidades y deseos del consumidor. Los aspectos comportamentales hacen referencia a cuestiones relacionadas con el proceso de compra del consumidor y su conducta y aquellos otros factores que lo determinan, como el grado de conocimiento del producto, percepciones, actitudes y motivaciones del consumidor. Se trata, en suma, de proyectar la orientación de la empresa al mercado a través de la identificación de las necesidades de los consumidores.

Análisis de la competencia

El análisis de la competencia incluye tanto la identificación de los competidores actuales y potenciales como la evaluación de los mismos. Este análisis resulta imprescindible, puesto que la orientación al cliente es una condición necesaria pero no suficiente para el establecimiento de la estrategia de marketing de la empresa. Es necesario, además, que la oferta de la empresa sea mejor que la que hacen sus competidores (Martín Armario, 1993).

La evaluación de los competidores comprende el análisis de los objetivos, líneas de productos y servicios ofertados, precios, publicidad y promociones desarrolladas, canales de distribución empleados, recursos humanos y financieros y cuantos puedan resultar relevantes para determinar la situación competitiva de la que puedan desprenderse las ventajas y debilidades competitivas.

Análisis del sector

El sector debe estudiarse con el fin de detectar tendencias, segmentos de mercado y factores clave de éxito que pueden dar lugar a oportunidades y amenazas para la empresa.

Los aspectos en los cuales suele centrarse el análisis del sector incluyen, entre otros, los siguientes: el número, características y estructura de las empresas fabricantes, proveedoras, distribuidoras, y el tipo de clientes. Del análisis de estos aspectos puede surgir la identificación de oportunidades de negocio en términos de nuevos productos y necesidades o de riesgos actuales o futuros para la empresa.

Análisis del entorno

La empresa, concebida como un sistema abierto que interactúa con el entorno, debe mostrar una capacidad permanente de adaptación al mismo. Dicho entorno, entendido como un conjunto de factores no controlables por la empresa que limitan o impulsan su desarrollo, puede agruparse en las siguientes categorías de factores:

— Factores económicos generales como la política monetaria y fiscal, paro, inflación y balanza de pagos, entre otros.
— Factores político-legales derivados del sistema político, actuaciones del Gobierno y sindicatos, legislación —laboral, mercantil, fiscal— y políticas de apoyos, incentivos y subvenciones empresariales.
— Factores sociológicos y culturales, entre los que se incluyen las variables demográficas, socioculturales y los estilos de vida.
— Factores tecnológicos como la innovación, procesos productivos, métodos de gestión y tecnologías generales o específicas disponibles.

Del análisis de estos factores del entorno pueden deducirse los condicionantes de la actuación de la empresa pero no sólo en sentido negativo, como amenazas a su desarrollo, sino también en el sentido de poder conducir a oportunidades para la propia organización que impulsen nuevos desarrollos.

4.2.2. Análisis interno

El **análisis interno** consiste en *la evaluación de los aspectos de marketing, producción, finanzas, organización, personal e investigación y desarrollo de la empresa con el fin de detectar los puntos fuertes y débiles que puedan dar lugar a ventajas o desventajas competitivas.*

Veamos brevemente algunas de las variables a analizar dentro de cada una de las áreas reseñadas.

Marketing

Generalmente suelen analizarse entre otras las siguientes cuestiones: línea y gama de productos, imagen y posicionamiento, cuota de mercado, precios, distribución, publicidad y promociones de venta, equipo de ventas y servicios a clientes.

Producción

Dentro del área productiva conviene analizar variables como las siguientes: capacidad de producción, costes de fabricación, calidad e innovación tecnológica.

Finanzas

El análisis de puntos fuertes y débiles en el área financiera incluye los recursos financieros disponibles, nivel de endeudamiento, rentabilidad y liquidez.

Organización

Las cuestiones objeto de análisis en este nivel incluyen, entre otras, las siguientes: estructura organizativa, proceso de dirección y control y cultura empresarial.

Personal

El personal puede constituir un punto fuerte o débil en relación con su nivel de selección, formación, motivación y remuneración.

Investigación y desarrollo

La investigación y desarrollo de la empresa puede ser un punto fuerte en caso de existir y desempeñar un destacado papel en cuanto a nuevos productos, patentes, nuevos procesos y similares, o bien un punto débil en el caso contrario.

Al análisis de las amenazas y oportunidades —análisis externo— y de los puntos débiles y fuertes —análisis interno— se le conoce habitualmente con el nombre de *análisis DAFO* (Debilidades, Amenazas, Fortalezas y Oportunidades).

4.3. FORMULACION DE LOS OBJETIVOS Y DE LA ESTRATEGIA DE MARKETING

El establecimiento de los objetivos de marketing y la selección de la estrategia más adecuada constituyen en realidad dos decisiones, pero con un nexo de relación importante entre sí en virtud del cual las estrategias deben establecerse de manera que conduzcan a la consecución de los objetivos. Analizaremos a continuación estas dos decisiones.

4.3.1. Establecimiento de objetivos de marketing

A partir del desarrollo de un análisis DAFO, la empresa está en condiciones de establecer los objetivos de marketing. La determinación de dichos objetivos debe realizarse en el marco de la misión de la empresa y como contribución a los objetivos generales de la misma. En este sentido, los objetivos de marketing deben establecerse teniendo presente dos cuestiones. En primer lugar, deben contribuir a la consecución de los objetivos generales de la empresa. En segundo lugar, deben coordinarse con los objetivos del resto de áreas funcionales de la empresa. La Figura 4.3 ilustra gráficamente cuanto estamos diciendo.

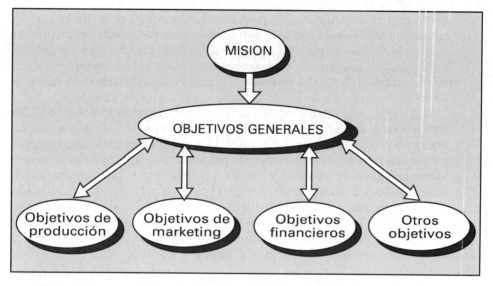

Figura 4.3. Relación entre objetivos de marketing y otros objetivos.

Los objetivos generales y los objetivos de cada una de las áreas funcionales, también denominados subobjetivos, constituyen el sistema de objetivos de la empresa que se orientará a la misión de la empresa o definición de lo que la empresa aspira a ser.

Las características que deben reunir los objetivos de marketing son las siguientes: cuantificables, referirse a un período de tiempo y lugar determinados, ser realistas pero ambiciosos para estimular su consecución y coherentes.

El establecimiento de objetivos específicos de marketing vendrá determinado a su vez por las características de la empresa relativas a líneas de producto existentes, mercados en los que opere y la cultura empresarial de los directivos. Pese a la gran variedad de objetivos posibles, la mayoría de ellos pueden relacionarse con algunas de las siguientes categorías:

♦ *Volumen de ventas.* Este tipo de objetivo se centrará en el crecimiento o mantenimiento de las ventas por grupos de marcas, productos o en su totalidad. Ejemplos de este tipo de objetivos pueden ser los siguientes: alcanzar un crecimiento medio de ventas del 10 por 100 en una línea de producto en el primer semestre en la zona sur, aumentar un 20 por 100 las unidades vendidas de un producto en 1995, o bien obtener una facturación global de 800 millones de pesetas en el próximo ejercicio. El detalle y concreción adicional de estos objetivos dependerá, además, de la consideración de segmentos específicos de mercado y marcas.

♦ *Participación de mercado.* Adicionalmente a la consideración del volumen de ventas como objetivo resulta muy útil, especialmente en mercados muy competitivos y con bajo número de competidores, establecer el objetivo en términos de cuota de mercado. Con ello se establece un objetivo de marketing en relación con la posición de la competencia. En el caso de considerar exclusivamente las ventas como objetivo, puede producirse un aumento de las mismas que genere al mismo tiempo una pérdida de participación de mercado como consecuencia de un crecimiento superior de las ventas globales del mercado. De este modo el objetivo de ventas se alcanzaría, pero con un decrecimiento de la cuota de mercado.

La forma más simple de definir la participación de mercado consiste en calcular el cociente entre las ventas de la empresa o de alguna de sus líneas de producto o marca y el total de las ventas del mercado. Generalmente, los paneles de consumidores proporcionan información acerca de la participación de mercado y constituyen, por tanto, una herramienta de información y evaluación de la consecución del objetivo así establecido. Ejemplos de esta categoría de objetivos pueden ser los siguientes: aumentar la cuota de mercado de una línea de productos en dos puntos en 1995, o bien alcanzar una participación del 16 por 100 en el mercado de bebidas refrescantes en el segundo semestre del año.

♦ *Beneficios y rentabilidad.* El establecimiento de un objetivo de ventas o de participación de mercado puede originar, en ocasiones, una disminución de beneficios. Así, por ejemplo, las ventas podrían aumentarse reduciendo el precio y consecuentemente el margen, de forma que si dicha disminución no se viera suficientemente compensada por un aumento de las unidades vendidas, generaría una reducción de los beneficios. Alternativamente podría ocurrir que una cadena de establecimientos comerciales emprendiese una política de aperturas masiva que condujese a un aumento de las ventas y que generase al mismo tiempo una disminución de los beneficios o de la rentabilidad del negocio.

Parece, pues, evidente la contribución de la función de marketing a los beneficios y a la rentabilidad global de la empresa. En consecuencia, la posibilidad de establecer los objetivos de marketing como contribución a los beneficios y/o rentabilidad puede ser considerada como válida (Urban y Star, 1991). Conviene resaltar que este objetivo no se alcanza exclusivamente mediante acciones de marketing, puesto que otros departamentos de la empresa como el de producción —mediante una reducción de costes—, financiero —mediante fuentes alternativas de financiación—, o bien a través de innovaciones tecnológicas desarrolladas por el departamento de investigación y desarrollo, pueden también contribuir a la consecución del objetivo. La dificultad de evaluar la consecución de este objetivo vendrá dada por la complicada interrelación de las acciones que lo pueden haber originado. Ejemplos de este tipo de objetivos pueden ser los siguientes: incrementar la rentabilidad media de un establecimiento comercial un 16 por 100 para el próximo ejercicio, o bien aumentar los beneficios de una línea de productos un 10 por 100 durante el primer semestre.

♦ *Otros objetivos asociados a variables de marketing.* En ocasiones se suele establecer como objetivo de marketing alguno que lo es propiamente de las variables de marketing: producto, precio, distribución y comunicación. Desde un punto de vista técnico, estos objetivos no deberían establecerse a nivel general de marketing, sino más bien como objetivos operativos de cada una de las variables que componen el marketing mix. Ejemplos de este tipo corresponderían con objetivos asociados a la notoriedad de la una marca, o bien al número de establecimientos o puntos de venta.

4.3.2. Selección de la estrategia de marketing

Tal y como señalabamos con anterioridad, la elección de la estrategia debe orientarse a la consecución de los objetivos de marketing establecidos. La **estrategia** *debe entenderse como «la explicitación de las grandes opciones de la empresa que orientarán, de forma determinante, las decisiones de la empresa sobre actividades y estructuras de la organización, y asimismo fijar un marco de referencia en el cual deberán inscribirse todas las acciones que la empresa emprenderá durante un determinado periodo de tiempo»* (Menguzzato y Renau, 1991). Esta decisión comporta la implementación de un conjunto de acciones y recursos económicos que la hagan posible en un horizonte temporal. Examinaremos en primer lugar las estrategias, y posteriormente las acciones que le dan soporte y sirven de ejecución a las mismas.

Estrategias de marketing

Las estrategias de marketing pueden ser diversas. Aquí nos referiremos a las más comunes. En este sentido, y partiendo de un **objetivo de crecimiento,** bien de ventas, participación de mercado o de beneficios, pueden establecerse tres tipos de estrategias:

Estrategias de crecimiento intensivo

Esta estrategia persigue el crecimiento de las ventas, cuota de participación o de beneficios, mediante la actuación y concentración en los mercados y productos con los que la empresa opera. Dentro de esta categoría de estrategia podemos distinguir a su vez las siguientes:

- ♦ Estrategia de penetración. Consiste en crecer mediante los productos existentes en los mercados actuales. Así, por ejemplo, Coca Cola o Pepsi tratan de aumentar su cuota de mercado con su marca clásica.
- ♦ Estrategia de desarrollo de producto. Esta estrategia sigue concentrándose en los mercados actuales pero busca el crecimiento a través de nuevos productos o reformulaciones de los existentes. En este sentido IBM está promocionando intensivamente los ordenadores personales portátiles.
- ♦ Estrategia de desarrollo de mercado. Esta estrategia persigue el crecimiento a través de la comercialización de los productos actuales en nuevos mercados. Generalmente esta estrategia pasa por una expansión geográfica, si bien puede acometerse por otras vías, como por ejemplo la utilización de otros canales de distribución.

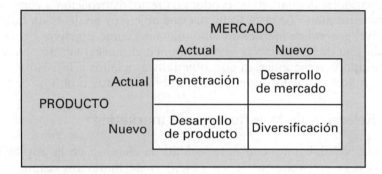

Figura 4.4. Estrategias de crecimiento producto-mercado.

En la Figura 4.4 puede verse un esquema de las estrategias mencionadas, junto con la de diversificación que analizaremos a continuación. Esta clasificación, debida a Ansoff (1988), utiliza el doble criterio de producto actual-nuevo y mercado actual-nuevo para diferenciar las estrategias.

Estrategias de crecimiento por diversificación

Este tipo de estrategias persiguen un objetivo de crecimiento basándose en las oportunidades detectadas en otros mercados distintos del actual en los que se introducen productos en algunos casos distintos de los actuales. Dentro de este tipo de estrategias podemos diferenciar las siguientes:

♦ Estrategia de diversificación concéntrica. En esta estrategia los mercados o productos con los que se opera tienen alguna relación comercial o técnica con los actuales. Así, por ejemplo, Sony se ha introducido en el sector cinematográfico.
♦ Estrategia de diversificación pura. La característica que define a esta estrategia es la ausencia total de relación entre las actividades nuevas y las existentes. En este caso puede mencionarse como ejemplo ilustrativo la decisión de Coca Cola de introducirse en el mercado cinematográfico.

Estrategias de crecimiento por integración

Este tipo de estrategias persiguen el crecimiento a través de un desarrollo que puede orientarse en tres direcciones:

♦ Estrategia de integración hacia atrás. Consiste en adquirir o tomar una participación significativa en otras empresas proveedoras o fabricantes de productos intermedios.
♦ Estrategia de integración hacia adelante. En este caso el control se produce sobre empresas distribuidoras.
♦ Estrategia de integración horizontal. Esta estrategia difiere de las dos anteriores en cuanto a que el control se produce sobre empresas competidoras situadas en el mismo o similar nivel de actividad productiva o comercializadora.

Desde un **punto de vista competitivo** se ha propuesto otra clasificación de estrategias partiendo de la cuota de mercado que poseen los productos (Kotler, 1992). Así, se distinguen las siguientes:

Estrategia de líder. Un producto líder es aquel que ocupa la posición dominante en el mercado y es reconocido como tal por sus competidores. El producto o empresa líder actua en tres direcciones: desarrollo de la demanda genérica mediante nuevos usos del producto o aumentando el consumo medio per cápita; protección de la cuota de mercado frente a los competidores retadores mediante precios bajos o fuertes inversiones publicitarias, y ampliación de la participación de mercado, mejorando así la rentabilidad.

Estrategia de retador. Un producto o empresa retadora es aquella que, sin ocupar la posición de líder, pretende alcanzarla. Para ello desarrollará estrategias agresivas mediante la utilización de las mismas armas que el líder, provocando así un ataque frontal, o bien a través de acciones en otras dimensiones estratégicas en las cuales el líder sea débil, como por ejemplo, en ciertas regiones o subsegmentos del mercado.

Estrategia de seguidor. Esta estrategia es desarrollada por un competidor que posee una cuota de mercado reducida y que adopta un comportamiento de seguimiento de las decisiones de sus competidores. Busca, pues, una pacífica coexistencia en el mercado y actúa concentrándose en los segmentos en los que goza de mejor posición a través de una mayor especilialización que le permita mejorar la rentabilidad en detrimento de la diversificación.

Estrategia de especialista. La empresa que adopta esta estrategia se concentra en uno o varios segmentos, buscando en ellos un hueco de mercado específico en el que pueda mantener y defender una posición preeminente frente a los competidores que le permita alcanzar una rentabilidad razonable y una cierta tranquilidad frente a los ataques de la competencia.

Programa de acciones

Una vez formulada la estrategia de marketing más adecuada, es necesario prever su implementación a través de un conjunto de acciones que le den soporte y ejecución. Dichas acciones deben enmarcarse en un horizonte temporal e ir acompañadas de un presupuesto que las hagan posibles. Este programa de acciones se instrumenta en planes de marketing cuya estructura habitual incluye, además, las áreas recogidas en la Figura 4.1., las relativas a:

— Análisis de situación.
— Objetivos de marketing.
— Estrategia de marketing.
— Acciones y programas de marketing mix.
— Planificación temporal y presupuesto.
— Seguimiento y control de resultados.

En este apartado vamos a centrarnos exclusivamente en las acciones y programas de marketing mix.

> El **marketing mix** es «*el conjunto de herramientas de marketing que utilizan las empresas para conseguir sus objetivos comerciales en relación con un público objetivo*» (Kotler, 1992).

Existen diversas herramientas que pueden clasificarse, siguiendo a McCarthy (1981), en cuatro *Pes: Producto, Precio, Distribución* (place) y *Promoción* (promotion). En la Figura 4.5 se recogen las variables de marketing incluidas dentro de cada *P:*

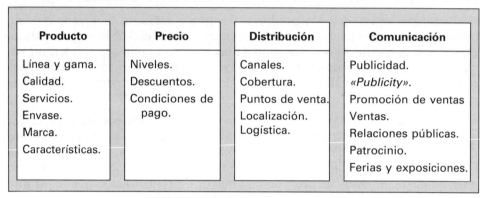

Producto	Precio	Distribución	Comunicación
Línea y gama.	Niveles.	Canales.	Publicidad.
Calidad.	Descuentos.	Cobertura.	*«Publicity».*
Servicios.	Condiciones de pago.	Puntos de venta.	Promoción de ventas
Envase.		Localización.	Ventas.
Marca.		Logística.	Relaciones públicas.
Características.			Patrocinio.
			Ferias y exposiciones.

Figura 4.5. Contenido de las cuatro *Pes.*

Estas variables serán desarrolladas de manera específica en los próximos cuatro capítulos, y no será, por tanto, nuestro objetivo abordarlas ampliamente en el que nos ocupa. No obstante, detengámonos brevemente en sus líneas generales.

Las estrategias de las herramientas del marketing mix se desarrollan a nivel táctico, pero en ningún caso deben plantearse de forma autónoma, sino coordinadas para hacer posible la consecución de los objetivos de marketing.

El producto es la oferta básica del marketing que incluye una serie de bienes y servicios dirigidos a la satisfacción de una necesidad o deseo del consumidor. Desde un punto de vista competitivo ante una necesidad del consumidor pueden concurrir diversos productos para su satisfacción. La empresa deberá buscar algún elemento que suponga una diferenciación de su producto respecto a la competencia. Esa diferenciación puede basarse tanto en características objetivas del producto como la duración, prestaciones, tamaño, etc., como en características de carácter subjetivo como el prestigio, el valor de la marca y similares.

El precio representa lo que el consumidor está dispuesto a pagar por el producto y su valor en la satisfacción de una necesidad. Bajo esta concepción, el precio no es la mera traslación de los costes más un beneficio, sino todo aquello que incluye la oferta comercial, es decir, servicios, calidad, marca, imagen y similares. Así, si una marca quiere proyectar una imagen de calidad su estrategia de precios deberá ser acorde con ella de tal modo que éstos se sitúen en un nivel alto de precios en relación con la competencia.

La distribución comprende el conjunto de actividades y relaciones relativas al acercamiento del producto al consumidor. El número de puntos de venta, su localización y características son elementos clave para alcanzar los objetivos de marketing establecidos.

La comunicación de la empresa supone en muchos casos el principal instrumento de conocimiento del producto por parte del consumidor. La comunicación condicionará las actitudes, preferencias y comportamientos ante las diversas ofertas. En suma el conjunto de acciones de comunicación contribuirán a la creación de una imagen de marca que constituirá un elemento clave de diferenciación entre competidores.

Tal y como hemos señalado con anterioridad, el programa de acciones debe establecerse detalladamente en el tiempo a través de una planificación temporal de las acciones previstas. Junto a ello, el conjunto del plan será realizable si va acompañado de una dotación económica. El presupuesto de marketing vendrá conformado a su vez en diferentes presupuestos en función de las acciones a desarrollar. Así, por ejemplo, las acciones publicitarias requerirán de su presupuesto, tal y como abordaremos en el Capítulo 8.

4.4. CONTROL DE LA ESTRATEGIA COMERCIAL

La última fase del proceso de planificación comercial hace referencia al control del logro de los objetivos, e incluye la determinación de las formas de medir los resultados, la comparación entre resultados alcanzados y establecidos y el establecimiento, en su caso, de acciones correctoras que corrijan las posibles desviaciones.

En relación con los instrumentos de medición de resultados éstos estarán en función del tipo de objetivo previsto. No obstante, pueden utilizarse, entre otros, los siguientes: facturación, participación de mercado, rentabilidad, intención de compra, fidelidad de marca, conocimiento de marca, actitudes, preferencias e imagen de marca. Estos instrumentos deben ser concebidos como herramientas de control intermedias de tal modo que su utilización permita un seguimiento continuado que haga posible la detección de las posibles desviaciones respecto al objetivo a tiempo. Así, por ejemplo, si el objetivo se ha establecido en un horizonte temporal de un año deberían realizarse controles periódicos, trimestrales o cuatrimestrales que permitan en el caso de existir desviaciones emprender medidas correctoras. Si el control se realizase exclusivamente al final del período de planificación, su utilidad quedaría mermada.

Para que el control resulte efectivo deben cumplirse dos condiciones complementarias. En primer lugar, los objetivos deben ser formulados con la suficiente concreción, claridad y cuantificación. Por otro lado, la empresa requiere disponer de información regular acerca de la evolución de los instrumentos reseñados con anterioridad.

El control puede realizarse sobre diversos niveles. En este sentido Kotler (1992) propone cuatro tipos de control complementarios:

♦ Control del plan anual de marketing, cuya finalidad es controlar globalmente el cumplimiento de los objetivos previstos.
♦ Control de rentabilidad, cuya utilidad es el control de la rentabilidad alcanzada por producto, clientes, canales de distribución y zonas de venta.
♦ Control de eficiencia, cuya finalidad es la evaluación de gastos y resultados de las diversas acciones.
♦ Control estratégico, cuyo ámbito de actuación excede el del plan anual de marketing y se dirige al control de las oportunidades de mercado, procesos internos de organización comercial y a la orientación estratégica seguida.

El proceso de control estratégico sistemático y organizado de la actividad comercial es conocido como marketing audit.

> El **marketing audit** constituye una función de marketing que consiste en un *«examen extenso, sistemático, independiente y periódico del entorno, objetivos, estrategias y actividades comerciales de la empresa, con el fin de detectar amenazas y oportunidades y recomendar un plan de acción para mejorar el rendimiento comercial de la empresa»* (Kotler, 1992).

Este tipo de control no se ciñe al ámbito de un plan de marketing, sino que su actuación abarca incluso los procesos seguidos de planificación comercial.

CONCEPTOS CLAVE

Planificación comercial. Comprende el análisis de la situación interna y externa, la determinación de objetivos comerciales y la formulación de estrategias conducentes a ellos, así como la implementación y control.

Análisis externo. Consiste en la identificación de las amenazas y oportunidades derivadas del producto-mercado en el que se desarrolla una empresa.

Análisis interno. Este análisis incluye la evaluación de los aspectos de marketing, producción, finanzas, organización, personal e investigación y desarrollo de la empresa con el fin de detectar los puntos fuertes y débiles que puedan dar lugar a ventajas o desventajas competitivas.

Análisis DAFO. Incluye el análisis de las amenzas y oportunidades —análisis externo— y de los puntos débiles y fuertes —análisis interno—.

Estrategia. La explicitación de las grandes opciones de la empresa que orientarán, de forma determinante, las decisiones de la empresa sobre actividades y estructuras de la organización y, asimismo, fijar un marco de referencia en el cual deberán inscribirse todas las acciones que la empresa emprenderá durante un determinado período de tiempo.

Estrategia de crecimiento intensivo. Esta estrategia persigue el crecimiento de las ventas, cuota de participación o de beneficios, mediante la actuación y concentración en los mercados y productos con los que la empresa opera.

Estrategia de crecimiento por diversificación. Su objetivo de crecimiento se realiza partiendo de las oportunidades detectadas en otros mercados distintos del actual en los que se introducen productos en algunos casos distintos de los actuales.

Estrategia de crecimiento por integración. Este tipo de estrategias persiguen el crecimiento a través de un desarrollo hacia detrás, hacia adelante u horizontal.

Estrategias competitivas. Estrategias definidas basándose en la cuota de mercado que posee un producto, entre las que encontramos la del líder, retador, seguidor y especialista.

Plan de marketing. Instrumento de planificación, generalmente anual, que incluye el análisis de situación, objetivos, estrategia, acciones y programas de marketing mix, presupuesto, seguimiento y control de resultados.

Marketing mix. Es el conjunto de herramientas de marketing que utilizan las empresas para conseguir sus objetivos comerciales en relación con un público objetivo.

Marketing audit. Consiste en un examen extenso, sistemático, independiente y periódico del entorno, objetivos, estrategias y actividades comerciales de la empresa, con el fin de detectar amenazas y oportunidades y recomendar un plan de acción para mejorar el rendimiento comercial de la empresa.

CUESTIONES DE ANALISIS

1. Señale las fases fundamentales del proceso de planificación comercial.
2. Desarrolle un análisis de situación de una empresa que le resulte familiar en el sector de automóviles y de grandes almacenes.
3. Formule el sistema de objetivos de una bebida refrescante y establezca, a su juicio, dichos objetivos de manera específica.
4. Ejemplifique las estrategias de crecimiento de El Corte Inglés, señalando en cada caso las líneas generales de su estrategia.
5. Plantee la estrategia más adecuada para las siguientes empresas competidoras: El Corte Inglés, Galerías Preciados y C & A.
6. Considere una empresa cuyo objetivo es incrementar un 15 por 100 en las ventas de una línea de producto en 1995, y establezca las líneas generales del programa de acciones en el marco del plan de marketing para dicha línea de producto.

LECTURAS RECOMENDADAS

ABELL, D. F., HAMMOND, J. S. (1978): «Stratetic Windows». *Journal of Marketing*, vol. 42, julio, págs. 21-26.

PORTER, M.E. (1988): «De las Ventajas Competitivas a la Estrategia Empresarial». *Harvard-Deusto Business Review*, primer trimestre, págs. 99-121.

SHAPIRO, B. P. (1980): «Un Buen Plan de Marketing Mejora el Beneficio». *Harvard-Deusto Business Review*, tercer trimestre, págs. 27-36.

CAPITULO 5

El producto

5.1. EL PRODUCTO COMO VARIABLE DEL MARKETING

Al reflexionar acerca de la relevancia del producto en el contexto de la estrategia de marketing de la empresa, necesariamente se advierte que éste constituye el núcleo de la gestión, siendo el elemento más importante y, en consecuencia, el eje entorno al cual se diseñarán el resto de las estrategias. Si bien en ocasiones ciertos productos adquieren especial relevancia por la estrategia diseñada en alguna de las otras variables del marketing mix, como por ejemplo por los canales de distribución empleados, como sucede en los productos comercializados únicamente a través de televenta, o sólo en farmacias, o en las actualmente famosas tiendas de «todo a cien», o como también sucede en productos diferenciados por su precio excepcionalmente alto, como los coches Porsche, o por las estrategias de comunicación empleadas (productos con mayor o menor publicidad televisiva, productos ofertados sólo mediante venta domiciliaria, sólo a través de radio, etc.), lo cierto es que de alguna manera siempre es el propio producto el que determina la decisión tomada en estas variables que, en definitiva, son siempre elementos diferenciadores del núcleo central del intercambio, que es el propio producto.

De este modo, se observa que el producto es el elemento más importante de la estrategia de marketing de una empresa, siendo el resto de las variables aspectos diferenciadores que permiten alcanzar determinado posicionamiento del propio producto en el mercado. Sin embargo, ¿qué es el producto? Esta pregunta tendrá respuestas diferentes según la orientación que adoptemos. Desde la óptica del marketing es necesario definirlo considerando la perspectiva del consumidor, de modo que junto a una serie de atributos técnicos, que pueden ser físicos cuando se trate de un bien, intangibles cuando se trate de un servicio y contenidos cuando se trate de una idea, es preciso considerar un abanico de atributos percibidos o psicológicos que constituyen el contenido simbólico del producto y que resultan tan importantes como los componentes técnicos.

Cualquier acepción del producto que pretenda ignorar el valor de estos atributos percibidos, incurre en el error definido por Levitt como la miopía del marketing. Es decir, la tendencia a centrar la atención en el producto en sí mismo y no en la satisfacción que está produciendo en el consumidor. En este sentido, el concepto de *producto-servicio* (Lambin,1991) define perfectamente la visión del producto desde la óptica del marketing al señalar que lo que el comprador busca no es el bien, sino el servicio que el bien es susceptible de prestar. Las implicaciones en la política de producto se concretan considerando las cuatro proposiciones siguientes:

1. Las elecciones del comprador descansan no sobre el producto, sino sobre el servicio que el consumidor o comprador espera de su uso.

2. Productos diferentes pueden responder a una misma necesidad.

3. Todo producto es un conjunto de atributos o de características.

4. Un mismo producto puede responder a necesidades diferentes.

A partir de estos presupuestos se entiende perfectamente la capacidad de las empresas de diferenciar los productos en función de distintas estrategias de distribución, comunicación y precio, puesto que cada una de estas decisiones implica percepciones diferenciadas en el servicio que el producto es susceptible de ofrecer. Así pues, al desarrollar la política de producto es imprescindible tener en cuenta tanto los aspectos objetivos como los aspectos subjetivos del producto. Los primeros en la forma de, por ejemplo, la especificación física y el precio son con frecuencia fácilmente copiables por los competidores; sin embargo, los aspectos subjetivos, que consisten, entre otras cosas, en la imagen y la reputación, son generalmente más difíciles de copiar y en muchos mercados proporciona la base más efectiva para la diferenciación. En la práctica, los aspectos objetivos y subjetivos están interrelacionados. Precisamente es la combinación de ambos lo que el cliente «valora» y, por tanto, la política de producto debe centrarse en la búsqueda de esta combinación. De hecho, aunque el producto en sí mismo puede ser un bien físico, un servicio o una idea, sin embargo, puede ser percibido como una combinación de un bien, un servicio y una idea, y en última instancia el comprador siempre adquiere el producto por el servicio concreto que le presta.

Siendo consecuentes con estas reflexiones, el producto sería definido como todo aquello capaz de satisfacer alguna necesidad del comprador, y profundizando aún más en la psicología del consumidor o usuario y en las diferentes variables que inciden en el proceso de decisión de compra, el concepto de satisfacción de necesidades debería acompañarse del concepto de motivación por la compra. Esta distinción es importante en la medida en que, estrictamente, la satisfacción se define como un estado emocional positivo que refuerza la decisión de compra, pero dicha decisión siempre responde a un impulso más complejo que constituye la raíz dinámica del comportamiento, siendo precisamente la motivación el motor de cualquier conducta y, por tanto, el determinante fundamental de la decisión de realizar o no una compra.

> En este sentido, un **producto** *sería cualquier bien, servicio o idea capaz de motivar y satisfacer a un comprador.*

Esta conceptualización del producto es coherente con las aportaciones que establecen diversos autores al señalar que es preciso renunciar a una definición objetiva del producto para reemplazarla por la propia visión del consumidor, haciéndose necesario abandonar la lógica industrial, que concibe el producto en sus componentes y sus rendimientos físicos, por una o varias lógicas de los compradores, para quienes los atributos del producto no son únicamente físicos sino también de orden psicológico y sociológico.

En consecuencia, existe una doble perspectiva en la conceptualización de los productos, primero, la que considera al producto como una identidad física con unas determinadas especificaciones técnicas, y segundo, la que atribuye al producto un concepto más amplio consistente en algo que el comprador recibe en el proceso de intercambio. Por tanto, una visión se corresponde con la percepción del consumidor o usuario y otra, más cercana al productor, implica la combinación de un conjunto de elementos técnicos adecuados a la satisfacción de alguna necesidad. Esta dualidad es realmente más compleja, puesto que de hecho pueden diferenciarse distintas dimensiones en un mismo producto. En este sentido, Levitt (1980) distingue entre producto genérico, producto esperado, producto aumentado y producto potencial A estas dimensiones, Kotler (1992) añade el concepto de *beneficio sustancial o básico*, que se refiere al servicio o beneficio que realmente interesa al cliente. El *producto genérico* manifiesta las características básicas (técnicas) del producto. El *producto esperado* se refiere al conjunto de prestaciones que el comprador espera encontrar en él. El *producto incrementado* implica el conjunto de prestaciones incorporadas por el productor con el objeto de incrementar su valor y, por último, el *producto potencial* se refiere a todas las innovaciones que el producto deberá incorporar a lo largo de su ciclo de vida.

El beneficio básico es un concepto absolutamente coherente con la óptica del consumidor, puesto que incide en la satisfacción obtenida por los clientes como consecuencia del proceso de intercambio. De hecho, Kotler, al señalar la naturaleza del producto, distingue tres elementos fundamentales: los atributos del producto, sus beneficios y la naturaleza de los servicios de apoyo. Los *atributos del producto* están asociados con el núcleo del producto e incluyen elementos como características, estilo, calidad, marca, envase y tamaños y colores. Los *beneficios del producto* son los elementos que los consumidores perciben que cubren sus necesidades, incluyendo el rendimiento del producto y su imagen. Finalmente, los *servicios de apoyo* de marketing consisten en todos los elementos que la empresa proporciona además del beneficio básico del producto, incluyéndose la entrega, instalación, garantía, servicio postventa y la reputación. La importancia relativa de cada uno de estos tres elementos puede variar significativamente de una clase de producto y marca a otra. Por ejemplo, una persona que adquiera un BMW es probable que esté interesado en valorar más los aspectos intangibles del automóvil como la imagen, la marca y la calidad que sus beneficios económicos. Una distinción similar la presentan Lendrevie, Lindon y Laufer (1983) al señalar que el producto se puede identificar por sus *características técnicas principales*, por los *servicios* que presta cuando se posee y utiliza y por el *contenido simbólico* atribuido en las percepciones del consumidor.

Estas distinciones son igualmente válidas tanto para los productos industriales como para los productos de consumo. Los *productos industriales* generalmente se clasifican según las características y el uso, distinguiéndose entre materias primas, equipo pesado, equipo auxiliar, partes componentes, materiales, suministros y servicios industriales (Santesmases, 1992). Los *productos de consumo*, por su parte, suelen distinguirse según se trate de bienes, servicios o ideas.

Los *bienes de consumo* son productos tangibles duraderos o perecederos. Los primeros son aquellos que no sufren cambios con el paso del tiempo, como sucede con los muebles o electrodomésticos, mientras que los segundos se transforman con su utilización, tal y como sucede con los alimentos. Los *servicios* son actos intangibles que pueden presentarse por sí mismos, servicio puro, o acompañando a los bienes de consumo, por ejemplo el servicio postventa. Finalmente, las *ideas* son determinadas creencias, actitudes, valores u opiniones acerca de los cuales el cliente adoptará una posición u otra. Generalmente, la venta de ideas está más vinculada al marketing social, que pretende potenciar la adopción de ciertas tendencias socialmente aceptables, como por ejemplo el cuidado de la naturaleza, la limpieza de la ciudad, etc.

La importancia de conceptualizar los productos desde la óptica del cliente ha llevado al establecimiento de clasificaciones de los bienes de consumo en función del proceso de decisión de compra que se establece entorno a ellos y de la implicación económica que suponen para el comprador. En este sentido se distingue entre los bienes de conveniencia, los bienes de compra esporádica y los bienes de especialidad.

> Los **bienes de conveniencia** son *aquellos que son adquiridos de manera inmediata con un mínimo esfuerzo en el acto de compra y que generalmente implican un coste económico reducido.*

A su vez se subdividen en:

— *Bienes de compra corriente:* adquiridos siempre mediante conductas de compra semejantes que se han establecido configurando determinados hábitos. Sucede por ejemplo con la compra de alimentos, revistas, periódicos, gasolina...

— *Bienes de compra por impulso:* adquiridos a raíz de una decisión tomada en el propio punto de venta y generalmente poco o nada racionalizada. Se trata de productos que se venden por su carácter de requerimiento y por la gratificación inmediata que implica su consumo, como sucede, por ejemplo, con los dulces.

— *Bienes de urgencia:* adquiridos debido a una necesidad puntual e inmediata. Dichos bienes se compran generalmente para satisfacer alguna necesidad condicionada por determinadas circunstancias como sucede, por ejemplo, con la compra de revistas o algún libro al realizar un viaje en tren o autobús.

Los **bienes de compra esporádica** son aquellos cuya compra implica cierto coste económico y que, por tanto, suele realizarse a través de un proceso racionalizado que se alarga más o menos en el tiempo según la urgencia del producto y la inversión económica que suponga. Son ejemplos los electrodomésticos, muebles, la compra de un vehículo o de una vivienda.

Por último, los **bienes de especialidad** son productos diferenciados generalmente mediante la variable marca y que, en consecuencia, son claramente identificados por el comprador y seleccionados al inicio del proceso de decisión de compra. La compra de una pluma estilográfica Mont Blanc es un ejemplo de la compra de un bien de especialidad.

La importancia que adquiere la marca en la compra de estos bienes está íntimamente vinculada con el anteriormente denominado componente simbólico de los productos. La **marca,** definida como todo signo o medio que distinga o sirva para distinguir en el mercado productos o servicios de una persona, de productos o servicios idénticos o similares de otras personas (Ley de Marcas española, 1988), es uno de los principales atributos del producto, cuya percepción permite establecer importantes diferencias en cuanto al posicionamiento de los productos en el mercado.

La importancia de las marcas en la compra de los bienes de especialidad ilustra perfectamente el concepto de producto-servicio anteriormente mencionado. De hecho, ante un mismo producto, fabricado por el mismo fabricante y comercializado por diferentes empresas, la diferencia de marcas permite establecer políticas de precio absolutamente distintas. La aceptación del consumidor de las diferencias de precio se debe a que frecuentemente las marcas son garantía de una adecuada relación calidad-precio, y en este sentido la marca se percibe como un atributo de calidad que justifica las diferencias de precio. Pero si el objeto de la compra fuese únicamente el producto en sí mismo posiblemente el consumidor no permitiría grandes diferencias en los precios de productos de idéntica calidad y con distinta marca. Sin embargo, la marca ofrece un servicio añadido al producto que es valorado por el consumidor y cuyo precio está dispuesto a pagar. De este modo, es posible advertir diferencias notables entre las necesidades que satisfacen determinados productos y las que satisfacen sus propias marcas. De hecho, las marcas generalmente actúan al nivel de las necesidades superiores, tales como las de pertenencia social, estima y autorrealización, en la terminología de Maslow, mientras que los productos pueden estar al nivel de necesidades fisiológicas o de seguridad. Un ejemplo es el de la marca Danone, que, si bien ofrece productos alimenticios (necesidades fisiológicas), sin embargo, se ha posicionado gracias a su estrategia de comunicación en el ámbito del cuidado personal («cuerpos Danone») satisfaciendo así necesidades relacionadas con la autoestima, la aceptación social y el autodesarrollo.

Otro ejemplo que evidencia estas diferencias en los precios como consecuencia de las marcas se da en las denominadas *marcas del distribuidor.* Un estudio realizado por Puelles y Serra (1993) evidencia las diferencias de precio establecidas entre productos con marcas del fabricante y del distribuidor. La investigación muestra una media diferencial de precios para la marcas del distribuidor de un 17,56 por 100 menos en 1986 y un 17,01 por 100 en 1992, estableciéndose diferencias máximas de hasta el 35 por 100 en productos como la miel y mínimas, del 6 por 100, en vinos de mesa. En el estudio que estos autores realizaron de los consumidores obtuvieron conclusiones tales como:

- Reconocimiento mayoritario de que el menor coste de las marcas de la distribución se debe a los menores costes de publicidad y promociones.
- Reconocimiento mayoritario de que las marcas de distribución son fabricadas por los mismos fabricantes que el resto de marcas.
- Percepción mayoritaria de que las marcas de la distribución y las de fabricantes dan el mismo resultado.

Tales resultados evidencian la importancia del componente subjetivo de los productos. Por último, se puede destacar también el ejemplo de establecimientos prestigiosos como El Corte Inglés que, contrariamente al resto de distribuidores, están posicionando sus marcas propias como productos de calidad con precios superiores a las marcas del fabricante prestigiando así sus puntos de venta.

Del mismo modo que la marca, otros elementos como la etiqueta y el envase combinan estas características técnicas y simbólicas del producto. La etiqueta permite informar acerca del nombre o denominación del producto, identifica al fabricante y el origen del producto, señala la composición del producto, la fecha de caducidad, el contenido en longitud o volumen, e indica determinadas recomendaciones esenciales para su uso. En cuanto al envase, que es la protección directa del producto, se distingue entre un envase primario, que es el que está en contacto directo con el producto, y un envase secundario, que refuerza la imagen externa del producto.

5.2. DECISIONES SOBRE LA LINEA DE PRODUCTOS

Las decisiones referidas a los productos deben adoptarse desde la óptica global de la *cartera de productos* o product-mix, que se refiere al conjunto total de líneas de productos con las que trabaja la empresa. Cada una de estas líneas está constituida por un grupo de productos relacionados con una marca común que son comercializados en el mismo mercado-objetivo o, en otros, estrechamente relacionados. Aunque el número de productos dentro de una empresa puede variar enormemente, la mayoría de las empresas comienzan con un único producto. Sin embargo, a medida que evolucionan, las empresas reconocen que un único producto no satisface las necesidades de todos los consumidores y que existen otras oportunidades. Es en esta etapa cuando comienza a desarrollarse una *línea de productos*.

Generalmente, se emplean cuatro dimensiones para conceptualizar la cartera de productos y establecer distintas estrategias (Kotler, 1992): la anchura, la longitud, la profundidad y la coherencia entre productos.

1. La *anchura* del conjunto de productos viene determinada por el número de líneas de productos que fabrica la empresa.

2. La *longitud* del conjunto de productos la constituye la suma total de todos los productos comercializados por la empresa.

3. La *profundidad* del conjunto de productos se refiere a las distintas variaciones que la empresa ofrece de cada uno de los productos.

4. La *consistencia* de los productos es un concepto más subjetivo que viene determinado por la homogeneidad o grado de relación que los diversos productos guardan entre sí.

La formación de una línea de productos puede ser planificada anticipadamente y llevarse a cabo a partir de la introducción del primer producto, pero más a menudo las líneas de producto evolucionan gradualmente como resultado de una serie de decisiones individuales del producto. Con frecuencia, hay un producto en la línea que es el primero en introducirse y a partir del cual se van tomando decisiones complementarias. Las decisiones relativas a productos individuales adquieren, entonces, especial relevancia y es, por tanto, importante emplear algunas herramientas que permitan tomar decisiones correctas acerca de cada uno de los productos:

— *Ley de Pareto:* cuando las referencias son muchas, en la práctica resulta poco menos que imposible realizar un seguimiento periódico de cada una de ellas, por lo que es aconsejable identificar los productos más importantes y realizar un seguimiento más preciso de cada uno de ellos. Para esto resulta especialmente útil la conocida Ley de Pareto o del 80/20, que establece que para determinada población estadística un número relativamente pequeño de elementos contribuye a la mayor parte del efecto total. En la práctica se observa que aproximadamente el 20 por 100 de los productos representan el 80 por 100 de las ventas.

— *Método ABC:* permite establecer tres categorías de productos en función de sus porcentajes de venta. De este modo, se identifica como productos del tipo A aquellos que suponen el 75 por 100 de la facturación, del tipo B aquellos que suponen el 17 por 100 siguiente y del tipo C los restantes. Sin embargo, otros criterios para clasificar a los tres tipos de productos.

No obstante, al margen de estas decisiones individuales es preciso señalar que las decisiones de la línea de productos están interrelacionadas con otras decisiones de la planificación de marketing:

— *Cartera de productos:* Las decisiones de la cartera de productos o product mix se hacen a nivel de la empresa más que a nivel de producto. Al tomar las decisiones de la cartera, la empresa determina los diferentes mercados en los que entrará tratándose, por tanto, de una decisión de nivel estratégico que emerge de la planificación estratégica del mercado.

— *Cobertura del mercado-objetivo:* Al decidir la cobertura del mercado objetivo, el directivo de marketing decide si seleccionar el mercado total como el mercado-objetivo, seleccionar un segmento único, o comercializar diversos productos a segmentos separados. La cobertura del mercado es parte de la decisión de la selección del mercado objetivo. Si diversos productos son comercializados a diferentes segmentos de mercados, pueden ser o no parte de una línea de productos común. Las decisiones tomadas en cuanto a la composición de las líneas de productos de la empresa deberán ser coherentes con las estrategias de segmentación de modo que, por ejemplo, se puede decidir comercializar una línea limitada que incluya unos pocos productos relacionados y especializados, lo que sería coherente con una estrategia de concentración por la que la empresa decide dirigirse a uno solo de los segmentos del mercado, o por el contrario, se puede comercializar una línea completa que incluya a una gran variedad de artículos desarrollando una estrategia de marketing indiferenciado, en la que la empresa no se decide por ningún segmento en particular y se dirige a todo el mercado en global o incluso una estrategia de marketing diferenciado merced a la cual la empresa se dirige a todo el mercado pero estableciendo una estrategia de marketing diferente para cada segmento.

— *Política de marcas:* Las decisiones de la marca de los productos implican determinar si el nombre de una marca existente puede ser aplicado a cubrir un nuevo producto o tendría que ser desarrollado con una marca nueva. En relación con estas decisiones, las empresas pueden optar por emplear marcas únicas, marcas múltiples o marcas del distribuidor. Las *marcas únicas* se desarrollan cuando la empresa decide utilizar una única marca para todos sus productos y modelos. Las *marcas múltiples* implican el uso de marcas diferentes o con algún nexo en común para los distintos productos, y las *marcas del distribuidor* son aquellas en la que se oculta el nombre de la marca del fabricante adquiriendo el producto la identidad del distribuidor que lo comercializa.

— *Eliminación de productos:* A lo largo del tiempo, las líneas de productos frecuentemente llegan a estar compuestas por productos cuyas ventas y beneficios han descendido de modo que éstos tienden a concentrarse en unos pocos artículos, debiendo la empresa tomar decisiones respecto a la eliminación de aquellos productos que se considere no aportan beneficio económico o de su mantenimiento, al justificarse por diversas razones su existencia en la línea de productos.

— *Ampliación de la línea de productos:* Como se ha visto, junto con el crecimiento y la participación en el mercado, el criterio básico para decidir la reducción de la longitud de una línea de producto es el beneficio que el producto esté aportando a la empresa. Cuando lo que se pretende es alargar la línea, es necesario considerar el posicionamiento de los productos en el mercado, pudiéndose tomar la decisión de alargar la línea hacia arriba, es decir, introduciendo productos de mayor calidad y precio, alargarla hacia abajo con productos de menor calidad y menor precio o alargarla en los dos sentidos.

— *Fijación de precios en la línea de productos:* La fijación del precio de un artículo individual en una línea de productos debe considerar las relaciones entre los productos y los precios relativos de los artículos.

5.3. CICLO DE VIDA DE LOS PRODUCTOS

Las etapas del *ciclo de vida* muestran la evolución de los productos realizando un símil con la evolución biológica de los seres vivos. El comportamiento del producto en cuanto a las ventas y los beneficios que genera son los criterios fundamentales para determinar las cuatro etapas que atraviesa un producto a lo largo de su ciclo de vida:

1. *Introducción:* es un período en el que se da un crecimiento lento de las ventas y los beneficios son inexistentes, debido principalmente a los esfuerzos en distribución y promoción.

   La estrategia de marketing debe dirigirse a la activación de la demanda, por lo que resultan fundamentales los esfuerzos realizados tanto en los canales de distribución como en los medios de comunicación oportunos, con el objeto de provocar tanto reacciones de presión como de aspiración sobre los consumidores finales. Generalmente, los productos deben ir incorporando modificaciones hasta adecuarse a las características de la demanda, por lo que suele tratarse de un proceso lento y con costes importantes.

2. *Crecimiento:* esta etapa se caracteriza por un crecimiento rápido de las ventas y de los beneficios. Ello se produce cuando el producto se consolida entre los escasos clientes innovadores y se introduce en el mercado masivo, por lo cual crece el número de competidores y es preciso actuar mejorando la calidad de los productos e introduciendo nuevos atributos que le otorguen mayor valor y lo diferencien de los posibles competidores.

3. *Madurez:* las ventas se estabilizan mostrando un ritmo de crecimiento cada vez menor. Los beneficios también se estabilizan o comienzan a disminuir debido a los esfuerzos de marketing que deben realizarse para enfrentarse a la competencia ya consolidada y al consecuente descenso de los precios. Las marcas líderes ocupan ya determinadas cuotas de mercado, estando éste totalmente repartido entre las empresas. Como consecuencia de ello, el crecimiento de cualquier marca implica necesariamente el descenso de otras y, por consiguiente, la lucha entre competidores cobra especial relevancia durante esta fase.

4. *Declive:* tanto las ventas como los beneficios disminuyen rápidamente. Este declive es a menudo fruto de la introducción de nuevos productos en el mercado que suponen nuevas formas de satisfacer las necesidades de los clientes. El producto comienza a ser obsoleto y las modificaciones dejan de ser suficientes en cuanto que la demanda exige la introducción de innovaciones esenciales. Aquí la mayor parte de las empresas abandonan el mercado, por lo que es posible que algunas marcas puedan resistir aglutinando la demanda de los clientes más fieles al producto.

Es importante considerar que esta teoría presenta algunas limitaciones, puesto que no todos los productos se comportan de modo similar sino que se producen grandes diferencias, de modo que no todas las fases tienen una duración similar, y ni tan siquiera es preciso que un producto atraviese todas y cada una de las fases. De hecho, es frecuente que productos con gran aceptación, especialmente cuando están sujetos a modas, avancen rápidamente de la fase de introducción a la de crecimiento y posteriormente se produzca el declive con un periodo mínimo o inexistente de madurez. En este sentido Kotler (1992) aconseja más el uso de esta teoría como una mejora de la planificación y como un instrumento de control que como un instrumento de predicción.

No obstante, si dichas limitaciones se consideran, la teoría puede ser especialmente útil dada su gran versatilidad, que permite que se aplique tanto a clases de productos como a productos concretos y marcas determinadas.

Por otra parte, la identificación de la etapa en la que se encuentra el producto permite adoptar diferentes decisiones en torno a él. Los siguientes cuadros pretenden ofrecer una síntesis de las diversas posibilidades de actuación en función de estas etapas.

Cuadro 5.1. Estrategias en la fase de introducción de un producto

Estrategia	Precio	Promoción	Condiciones del mercado
Desnatado rápido	Alto	Alta	• Desconocimiento del producto. • Buena disposición a adquirir el producto por el precio que se pide. • Deseo de posicionar la marca antes que los competidores potenciales.
Desnatado lento	Alto	Baja	• Tamaño limitado del mercado. • Alto conocimiento del producto. • Buena disposición frente al precio. • No hay competencia potencial inminente.
Penetración rápida	Bajo	Alta	• Gran tamaño del mercado. • Desconocimiento del producto. • Gran sensibilidad al precio. • Competencia potencial fuerte. • Reducción de costes unitarios mediante economías de escala y experiencia acumulada.
Penetración lenta	Bajo	Baja	• Gran tamaño del mercado. • Conocimiento del producto. • Gran sensibilidad al precio. • Riesgo de competidores potenciales.

Cuadro 5.2. Estrategias en la fase de crecimiento
de un producto

Nivel de actuación	Estrategia
Producto	Mejora de calidad. Introducción de nuevos modelos.
Mercado	Introducción en nuevos segmentos.
Canales	Introducción en nuevos canales.
Precios	Tendencia a la reducción.
Comunicación	Inversión publicitaria alta. Promociones continuadas.

Cuadro 5.3. Estrategias en la fase de madurez
de un producto

Nivel de actuación	Estrategia
Producto	Mejora de calidad. Mejora de prestaciones. Mejora de diseño.
Mercado	Incrementar el uso. Introducirse en nuevos mercados.

Cuadro 5.4. Estrategias en la fase de declive
de un producto

Nivel de actuación	Estrategia
Producto	Relanzamiento. Eliminación.

5.4. DESARROLLO DE NUEVOS PRODUCTOS

La decisión de incorporar un nuevo producto a la cartera de productos de la empresa supone siempre un proceso complejo, puesto que si bien antes señalábamos que son los beneficios esperados el principal criterio para decidir la incorporación o no de un nuevo producto, también es cierto que la determinación de estos supuestos beneficios no es en absoluto un proceso sencillo sino que, por el contrario, a menudo es difícilmente predecible.

La problemática comienza desde la misma conceptualización de «nuevo producto», puesto que la valoración de una innovación como novedosa estará condicionada por un amplio grupo de variables que determinarán que lo que resulta novedoso para una empresa puede ser obsoleto para otra, del mismo modo que lo que resulta novedoso para un grupo de consumidores puede ser anticuado para otro. Es, por tanto, un concepto relativo y en cierta medida cargado de subjetividad. De hecho, considerando el criterio más estricto, es decir, aquellos productos que resultan realmente novedosos para el mundo entero, los estudios de Booz, Allen y Hamilton, Inc. (1982) revelan que tan sólo sucede en el 10 por 100 de los llamados nuevos productos, mientras que el 20 por 100 de ellos se refieren realmente a la introducción de una nueva línea en una empresa, el 26 por 100 a la agregación de productos a una línea ya existente, otro 26 por 100 a la modificación de productos ya existentes, el 11 por 100 a las reducciones de costes en productos existentes y el 7 por 100 restante al reposicionamiento de productos también existentes.

No obstante, más importante que determinar el grado de novedad objetiva del nuevo producto, es valorar las probabilidades de que tenga éxito o fracase. Al respecto, en un estudio realizado por Cooper (1979) se identificaron tres factores capaces de incrementar las probabilidades de alcanzar el éxito: la superioridad y diferenciación del producto en relación a sus competidores; el conocimiento del mercado y la capacidad de adoptar estrategias de marketing adecuadas y el saber hacer tecnológico, es decir, el adecuado desarrollo de las estrategias de I + D.

Este mismo autor destaca como indicadores del fracaso lo novedoso que resulte el producto para la empresa, la competitividad existente en el mercado y el grado de satisfacción de los clientes potenciales, la diferencia negativa en la variable precio y la existencia de un mercado especialmente dinámico en el que resulte frecuente la introducción de nuevos productos.

En cualquier caso, la generación de nuevas ideas que permitan alcanzar el éxito es quizás un proceso aún más complejo que la consecución de un feliz desenlace. Uno de los estudios realizado por Booz, Allen y Hamilton, Inc. (1965) reveló que se requería un promedio de 58 ideas sobre productos para alcanzar el éxito en un nuevo producto, y que, aun así, cuando éste alcanza el éxito su ciclo de vida puede resultar muy corto. Es comprensible, por tanto, que las empresas extremen las precauciones y alarguen el proceso de elaboración de nuevos productos tanto como sea necesario para minimizar las probabilidades de fracaso.

Es por esto por lo que el proceso de innovación, además de entenderse como el proceso de adopción por parte del mercado, se puede considerar a través de su desarrollo en la empresa. Urban y Hauser (1980) proponen un **proceso de desarrollo de nuevos productos** y servicios que representa un enfoque estratégico del marketing. Consideran cinco etapas en el proceso de decisión: identificación de la oportunidad, diseño, prueba, introducción y gestión del beneficio.

La *identificación de la oportunidad* tiene por objeto definir los mercados a penetrar y generar las ideas que serán la base para la entrada en dichos mercados.

Después de la identificación del mercado y la generación de una clase de ideas iniciales, la tarea siguiente es *diseñar el producto*. Las nuevas ideas son evaluadas y perfiladas para dar lugar a un producto de características físicas y psicológicas que indiquen una probabilidad alta de éxito en el mercado.

En la etapa de *prueba de mercado*, se realizan las pruebas o tests tanto de las características físicas del producto como de los originales de publicidad, así como de los diferentes aspectos del producto, precio, promoción y distribución entendidos como un conjunto.

Aunque no puede obtenerse una certeza absoluta, las pruebas de nuevos productos en el mercado ofrecen una probabilidad alta de predecir los niveles de aceptación y de rentabilidad esperados de un producto, reduciendo de esta forma el riesgo inicial inherente a los nuevos productos.

La decisión de *introducir* el producto en el mercado se toma después de haber superado con éxito las diferentes pruebas a las que haya sido sometido. Esta etapa de introducción es la que supone un mayor esfuerzo en recursos financieros, de tiempo y del personal directivo. Son muchas las tareas a realizar, como la compra de materias primas y bienes de equipo, inicio de la producción, adiestramiento del personal de ventas, campaña de publicidad y compra de espacios en los medios de comunicación, medios de promoción, etc.; por esto se precisa una completa coordinación en todas las áreas de la empresa, especialmente entre marketing y producción, así como planificar cuidadosamente el momento en que se debe llevar a cabo cada una de las tareas del lanzamiento o, por el contrario, se pueden poner en peligro los beneficios esperados.

En esta etapa, evidentemente, la empresa debe dirigir y controlar la estrategia de marketing, pues aun en el caso del producto más cuidadosamente diseñado y probado puede tropezar con dificultades al efectuar su lanzamiento al mercado. Cambios inesperados en los gustos de los consumidores, en el entorno competitivo, tecnológico y económico pueden suponer amenazas que socaven el éxito de la introducción del producto. De ello, se deduce que se tengan que efectuar revisiones del plan de lanzamiento que reflejan estos posibles cambios presentando aquellas oportunidades que mejoren los planes.

El proceso de desarrollo de un producto desde la generación de la idea hasta su comercialización requiere una cuidadosa planificación del mercado y de la toma de decisiones con el fin de lograr los objetivos de la empresa. La tarea de la dirección del nuevo producto no finaliza cuando éste ha sido introducido en el mercado. Es el momento de recompensar los recursos y esfuerzos realizados por medio de la obtención y gestión del beneficio, justificando así el riesgo y la inversión en el desarrollo del nuevo producto. Para asegurarse de que esta recompensa tiene lugar, la empresa desarrollará un sistema de información y control que, a medida que el producto avanza en su ciclo de vida, le permita efectuar un análisis de la respuesta que consumidores y competidores, así como de las reacciones que proveedores, distribuidores y otros miembros del canal adoptan ante cualquier decisión con respecto a los elementos del marketing mix, y de esta forma adaptarse a los cambios que se produzcan en el entorno.

Así pues, el proceso de desarrollo de nuevos productos es más que un proceso secuencial, puesto que entre las distintas etapas existen iteraciones e interacciones que hacen más complejo dicho proceso.

CONCEPTOS CLAVE

Atributos del producto. Están asociados con el núcleo del producto e incluyen elementos como características, estilo, calidad, marca, envase y tamaños y colores.

Beneficio sustancial o básico. Se refiere al servicio o beneficio que realmente interesa al cliente.

Beneficios del producto. Son los elementos que los consumidores perciben que cubren sus necesidades, incluyendo el rendimiento del producto y su imagen.

Bienes de compra corriente. Productos adquiridos siempre mediante conductas de compra semejantes que se han establecido configurando determinados hábitos.

Bienes de compra esporádica. Productos cuya compra implica cierto coste económico y que, por tanto, suele realizarse a través de un proceso racionalizado que se alarga más o menos en el tiempo según la urgencia del producto y la inversión económica que suponga.

Bienes de compra por impulso. Productos adquiridos a raíz de una decisión tomada en el propio punto de venta y generalmente poco o nada racionalizada.

Bienes de conveniencia. Productos que son adquiridos de manera inmediata con un mínimo esfuerzo en el acto de compra y que generalmente implican un coste económico reducido.

Bienes de especialidad. Son productos diferenciados generalmente mediante la variable marca y que, en consecuencia, son claramente identificados por el comprador y seleccionados al inicio del proceso de decisión de compra.

Bienes de urgencia. Productos adquiridos debido a una necesidad puntual e inmediata.

Cartera de productos o product-mix. Se refiere al conjunto total de líneas de productos con las que trabaja la empresa.

Ciclo de vida del producto. Etapas de la evolución a lo largo del tiempo de los productos desde su introducción hasta su eliminación del mercado.

Marca. Signo o medio que distinga o sirva para distinguir en el mercado productos o servicios de una persona, de productos o servicios idénticos o similares de otras personas.

Producto. Cualquier bien, servicio o idea capaz de motivar y satisfacer a un comprador.

Producto-servicio. Define la visión del producto desde la óptica del marketing al señalar que lo que el comprador busca no es el bien, sino el servicio que el bien es susceptible de prestar.

Producto esperado. Se refiere al conjunto de prestaciones que el comprador espera encontrar en él.

Producto genérico. Manifiesta las características básicas (técnicas) del producto.

Producto incrementado. Implica el conjunto de prestaciones incorporadas por el productor con el objeto de incrementar su valor.

Producto potencial. Se refiere a todas las innovaciones que el producto deberá incorporar a lo largo de su ciclo de vida.

CUESTIONES DE ANALISIS

1. ¿En qué aspectos debería centrarse la investigación comercial para cada una de las etapas del ciclo de vida del producto?
2. Describa un producto nuevo de su propia invención, asignándole un nombre de marca que sugiera sus beneficios.
3. Citar un producto, identificando su beneficio básico o sustancial, y especificar las características adicionales que incrementan su valor.
4. Señalar algunos casos de productos cuyo ciclo de vida haya sido muy corto y tratar de analizar las causas.

LECTURAS RECOMENDADAS

Cosco, Joseph: «Black & Decker: el riesgo del éxito». *Harvard-Deusto Marketing & Ventas*, n.º 4, 1994. Traducido de *Journal Of Business Strategy.*

Guillame, Laurent: «El capital de marca». *MK. Marketing & Ventas*, n.º 81, mayo, 1994. Traducido de *Revue Français du Marketing.*

CAPITULO 6

El precio

6.1. CONCEPTO DE PRECIO

Las empresas que comercializan sus bienes y servicios les fijan unos *precios* como valor de transacción para intercambiarlos en el mercado, recuperar los gastos en que han incurrido y obtener unos excedentes. Estos precios serán satisfechos por aquellos individuos que consideren superiores las utilidades o satisfacciones proporcionadas por la adquisición del producto o servicio al sacrificio asociado al pago del precio. Esto podría ser una definición del precio.

Las empresas deben tener en cuenta que en ocasiones los precios de los productos son mas fácilmente comparables que los mismos productos; las empresas se encuentran en condiciones de modificar los valores de los precios de un día para otro, y también los clientes potenciales pueden juzgar los precios de formas muy distintas. Esto que hemos expuesto hace referencia a distintos hechos; por un lado aparece el carácter competitivo del precio, que permite una fácil comparación entre productos competitivos, por otro lado, el hecho ya mencionado de la facilidad de cambio del precio puede hacer pensar al lector que estamos hablando de una variable de tipo táctico, aunque esta afirmación no es del todo cierta, ya que si bien es una variable que puede operar en el corto plazo, es la única de las variables del marketing mix que proporciona ingresos a la organización, pues todas las demás suponen gastos. Un tercer aspecto es la influencia de la variable precio en la oferta y la demanda. A niveles superiores de precio, las empresas estarán dispuestas a ofertar más cantidad de producto, mientras que los compradores demandarán menos; este mismo comportamiento se puede invertir cuando los niveles de precio sean inferiores. Si analizamos en profundidad estas interacciones, vemos que el precio influye sobre las ventas y, por lo tanto, sobre los ingresos de la organización, lo cual puede perfectamente conferirle un valor estratégico como variable de acción. Finalmente, se deben destacar las múltiples interpretaciones del precio, ya que existen consumidores que asocian el precio a la calidad del producto, o lo utilizan como identificador de pertenencia a un grupo o clase social, aspectos todos ellos muy importantes para ser tenidos en cuenta por la organización.

> El **precio** es *la cantidad de dinero que un consumidor ha de desembolsar para disfrutar de un bien o servicio que le proporciona una utilidad.*

También sería adecuado definir el precio como la expresión monetaria de los costes en que incurre una organización para ofrecer un producto o servicio al mercado; esto sería darle al precio la acepción monetaria de la utilidad producida por un bien o servicio.

Existen múltiples sinónimos de precio, desde el alquiler, tasa, honorario, minuta, prima, salario..., hasta impuesto; además, dentro del precio no sólo se debe incluir la aportación monetaria, sino que deben ser analizados otros aspectos entre los que se pueden incluir los denominados costes de transacción. Cuando se adquiere un producto, el comprador realiza un esfuerzo no solamente monetario, sino también un esfuerzo que debe ser analizado y evaluado. Tal vez un ejemplo nos permita ilustrar claramente este punto.

> Un consumidor observa dos anuncios en un periódico en los que aparecen sendas ofertas de un mismo modelo de mesa de escritorio. Por un lado en una de las ofertas se ofrece el producto con un precio elevado, pero éste se puede pedir por teléfono, lo sirven a domicilio, lo adecuan al espacio disponible en casa del cliente, se lo financian, etc. En el otro establecimiento la mesa se vende como un Kit de Bricolage, el establecimiento se encuentra en las afueras de la ciudad, el cliente debe desplazarse, servirse el producto, ya que funciona en régimen de autoservicio, pagar al contado, transportarlo a su domicilio y montarlo él mismo. *¿Cuál es más barato?*

Entre los distintos aspectos a tener en cuenta y que forman parte del proceso de adquisición de un producto o servicio, inciden costes de transacción como: formación, cambio en sus costumbres, facilidades de entrega, facilidades de pago, financiación, modificación de costumbres, etc.

Dentro de la empresa los precios deben ser tenidos en cuenta desde un punto de vista amplio, puesto que presentan distintas interrelaciones. En primer lugar se deben plantear unos objetivos para la empresa, los cuales se plasmarán en distintos tipos de estrategias, que estarán formuladas a través del uso de las variables del marketing mix; éstas deben ser evaluadas y manejadas de forma completa, puesto que la coordinación de las mismas puede conseguir efectos sinérgicos, mientras que la descoordinación provoca la pérdida de eficacia de las acciones realizadas y el derroche de medios.

Una vez acordado el posicionamiento de los bienes y servicios a través de las acciones coordinadas del resto de las variables del mix, se debe proceder a realizar el análisis de competencia y de la demanda, que influirá sobre las decisiones finales del nivel de precios.

Además, los precios se encuentran influenciados por múltiples variables tanto en el interior de la organización como en el exterior de la misma.

6.2. OBJETIVOS DE LOS PRECIOS

Mediante la variable precio la organización puede intentar la consecución de distintos tipos de objetivos, los cuales se centran principalmente en el *beneficio*, las *ventas* y la *situación del mercado*, aunque los objetivos que se pueden lograr a través de las políticas de precios pueden ser clasificados desde otras perspectivas, como en función del horizonte temporal, o del grado de influencia sobre las decisiones dentro de la organización.

Entre los objetivos de *beneficios* perseguidos por unas acciones de precios concretas se puede destacar la obtención de una cuota o margen de beneficios sobre ventas, la maximización del beneficio (aspecto observable tanto en el corto como en el medio y largo plazo), la obtención de una tasa de rentabilidad sobre la inversión (objetivo también formulado como plazo de recuperación de la inversión realizada) y la consecución de una cantidad concreta de beneficios.

Otro tipo de objetivos son los basados en *ventas*, en los cuales la utilización del precio se centra en la búsqueda de unos niveles de ventas, persiguiendo la introducción de un producto en el mercado, la consecución de unas cuotas de mercado, el aumento de las ventas en momentos determinados del tiempo (promoción vía precios), etc.

Los objetivos centrados en la *situación del mercado* hacen referencia a la competencia entre los distintos oferentes del mercado y a la importancia del precio como arma competitiva. Normalmente se utiliza el precio para hacer frente a la competencia. Mediante las reducciones del mismo se puede hacer más atractivo nuestro producto que el de la competencia, consiguiendo así un aumento de nuestras ventas; si el mercado crece, este aumento se producirá a base de nuevos consumidores que adquieren esta categoría de producto; pero si esto no ocurre, nuestro aumento de las ventas se producirá a costa de las ventas de nuestros competidores, éstos pueden reaccionar y no conformarse, bajando a su vez los precios para recuperar o incluso aumentar sus ventas anteriores; por su parte, la primera organización que redujo sus precios puede realizar una nueva disminución; esta situación puede repetirse dando lugar a la llamada *guerra de precios*, que supone reducciones en los precios de forma reiterada de los distintos competidores en el mercado con la finalidad de aumentar su participación en el mercado. En la mayoría de las ocasiones dicha guerra se salda con escasas bajas (las de los competidores mas pequeños), consiguiéndose un nuevo punto de equilibrio que es totalmente beneficioso para el consumidor, que obtiene el producto a un precio inferior, pero las empresas que han librado la batalla normalmente mantienen un nuevo equilibrio de mercado, con una cuota de mercado semejante a la del inicio, pero a un nivel de precios muy inferior, es decir, lo único que han conseguido ha sido una reducción de sus márgenes comerciales.

El precio no solamente se fija en un nivel bajo con esta finalidad, sino que en muchas ocasiones se utilizan unos niveles de precios bajos para introducir un producto nuevo en un mercado, haciendo más atractiva la relación precio/valor para los consumidores. Y también se puede utilizar con la finalidad de mostrar a los posibles competidores que el mercado es poco atractivo por los escasos márgenes unitarios que permiten los precios bajos, obligando a los competidores que quieran introducirse en el mercado a realizar grandes inversiones y a captar un gran mercado para conseguir unas utilidades aceptables.

De forma general, se puede postular que para la mayoría de los productos la demanda disminuirá a medida que aumenta el precio. Sin embargo, existen distintos productos en los que la situación es diferente. Son productos para los cuales un nivel bajo de precios no supone un atractivo sino todo lo contrario; son productos que basan su imagen o características principales en la exclusividad o la alta calidad, de forma que a medida que aumentan los precios en una primera etapa, aumenta la demanda, llegando a un punto en el que se iguala su comportamiento al de los demás bienes. Son unos bienes con demanda inversa entre los que se encuadran los principales productos de lujo.

Esta relación entre el nivel de la variable precio y demanda del mercado se puede plasmar en el concepto de *elasticidad de la demanda al precio*. Este concepto plasma la forma en que varía porcentualmente la cantidad demandada de un producto frente a un cambio porcentual de los niveles de precios.

$$\xi = \frac{\% \text{ de cambio en la cantidad vendida}}{\% \text{ de cambio en el precio}}$$

Este concepto supone que en función de la elasticidad demanda-precio de los productos, los precios pueden ser utilizados con distintos objetivos, teniendo en cuenta la mayor o menor sensibilidad de la demanda al precio, el grado de diferenciación de nuestro producto o el tipo de consumidores al que va dirigido, entre otros factores.

6.3. LOS COSTES

Los costes tienen una importante relación con los precios. Todas las organizaciones tienen que incurrir en unos costes para obtener los productos o los servicios que se comercializan en el mercado. Estos costes pueden tener distinta naturaleza, en función de cómo se producen y de su relación con los productos o servicios que se comercializan.

Por un lado existen los costes *fijos*, que se producen por el hecho de estar la empresa en funcionamiento; son costes que se producen de forma independiente de la cantidad de productos o servicios realizados por la organización. Existen otros costes, los *variables*, que sí dependen de la cantidad de bienes producidos y que aumentarán en función de la cantidad de productos o servicios obtenidos por la empresa.

La segunda clasificación hace referencia a el nivel de relación entre los costes y los productos. Bajo este punto de vista, se habla de costes *directos*, cuando existe una alta vinculación entre los costes y el producto fabricado o servicio, y los *indirectos*, que son aquellos que no están claramente relacionados, pero son necesarios para el buen funcionamiento de la empresa.

Como se verá mas adelante, existen distintos métodos o procedimientos para la fijación de los niveles de precios, pero, independientemente del método escogido, los costes siempre han de ser tenidos en cuenta, puesto que la no observancia de los mismos puede poner en peligro la existencia de la empresa.

En cualquier caso, la organización siempre debe respetar unos niveles de costes mínimos, incluso en situaciones de máxima penuria o extremas. Para conseguir la supervivencia de la empresa debe fijar unos precios de venta superiores a los costes variables, pues de esta forma la organización puede al menos reponer los costes de los materiales utilizados en el proceso.

Junto a los costes, hay que tener en cuenta otros dos aspectos importantes como son las *economías de escala* y la *curva de experiencia*. Si bien tanto uno como otro inciden en una reducción de los costes, la forma de actuación de ambos es bien distinta. Los efectos de las *economías de escala* hacen referencia al hecho de que no cuesta lo mismo hacer un producto que cien a la vez, lo cual supone que hasta llegar a un cierto límite, el aumento de la cantidad de productos realizados a la vez disminuye el coste unitario de cada uno de ellos, o sea, que los costes disminuyen en función de la cantidad de productos realizados en cada uno de los momentos del tiempo.

El efecto *curva de experiencia*, supone que cuantas más veces se repite una acción, menor es el coste de la misma, el efecto experiencia implica que cada vez que se duplica la cantidad acumulada de producción (se duplica la experiencia), se reducen en un cierto porcentaje los costes relacionados con la creación de valor en un bien o servicio.

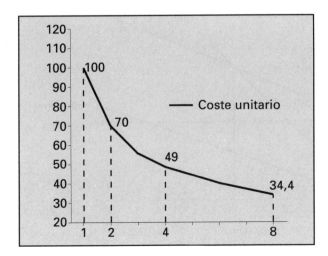

Figura 6.1. Curva de experiencia.

Otro aspecto importante es el concepto de punto de equilibrio o umbral de rentabilidad, que es el punto a partir del cual los ingresos obtenidos por las ventas son capaces de producir beneficios o excedentes para la organización.

El **punto muerto** o **umbral de rentabilidad,** es *la cantidad mínima que la organización debe comercializar para cubrir los costes en los que ha incurrido. Depende de los costes variables unitarios, de los costes fijos y del precio de venta, de forma que la modificación de cualquiera de estos valores supone la alteración del mismo.*

Desde la óptica de ventas, el umbral de rentabilidad o punto muerto constituye el número mínimo de unidades de producto que la organización debe colocar en el mercado, y responde a la siguiente formulación:

$$\text{P.M.} = \frac{\text{Costes fijos totales}}{\text{Precio de venta unitario} - \text{Coste variable unitario}}$$

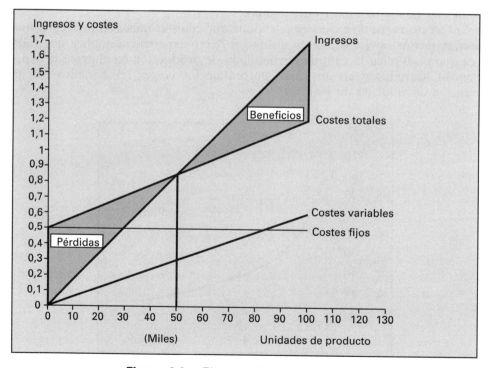

Figura 6.2. El umbral de rentabilidad.

6.4. METODOS DE FIJACION DE PRECIOS

> Un **método de fijación de precios** es *un conjunto de reglas a aplicar para la obtención del nivel final de precio de un producto o servicio.*

Los métodos de fijación de precios pueden estar basados en distintos aspectos, y por ello son clasificados en función de la importancia dada a unos u otros conceptos en las reglas utilizadas para fijar los mismos. La clasificación más habitual que se utiliza para los métodos de fijación de precios es aquella que diferencia entre los basados en los costes, los basados en la competencia y los basados en la demanda o en el mercado. Veremos a continuación con cierto grado de detalle cada uno de estos grupos de métodos, argumentando para cada uno de ellos sus principales ventajas e inconvenientes.

6.4.1. Métodos basados en los costes

Los métodos basados en los costes, como su nombre indica, se centran en los datos de costes para la consecución de los niveles de precios finales de los productos. Son uno de los métodos de mayor aceptación entre las organizaciones, si bien es cierto que aunque no se usen los costes como elemento principal para el cálculo de los precios siempre han de ser tenidos en cuenta.

La aceptación de este conjunto de métodos viene determinada por la facilidad de la aplicación, ya que toda empresa, por imperativo legal, debe disponer de una información contable, que permite en la mayoría de los casos la obtención de los precios. Se dice de ellos que son unos métodos objetivos, aunque esto no es totalmente cierto, puesto que tal objetividad en la fijación del precio depende del método utilizado para la obtención de los costes. Incluso en los casos en los que los costes fueran calculados de la misma manera por dos organizaciones y utilizaran ambas los mismos métodos de fijación de precios puede ocurrir que el valor de los mismos fuera diferente, puesto que cada una de ellas puede aplicar distintos márgenes sobre los costes. Entre los distintos métodos basados en costes podemos resaltar los de coste más margen, margen en el precio, y beneficio objetivo.

❏ Coste más margen

El método de *coste más margen* es uno de los mas sencillos de aplicar. Consiste en que la organización calcula los costes unitarios de los productos y sobre estos costes aplica un margen (normalmente de forma porcentual) para obtener el precio final de venta. Este método también puede ser considerado subjetivo, puesto que si la organización debe calcular el coste total unitario de un producto sólo lo podrá calcular cuando haya establecido una cantidad de producción para el período entre el cual repartirá los costes fijos. Si para obviar dicho problema la organización sólo tiene en cuenta los costes variables, entonces asumirá la incertidumbre de saber cuál es la contribución unitaria al margen de la organización de cada uno de los productos vendidos.

Ejemplo de cálculo del precio por el método de coste más margen

Coste Variable Unitario. . . . . 15 u.m. . . . . CVU
Costes Fijos . . . . 1000 en miles . . . . CF
Producción planificada . . . . 500 en miles . . . . PP

Coste Total Unitario (CTU) = CV + (CF / PP)

CTU = 15 + (1000 / 500) = 17 u.m.

Precio de Venta (PV) = CTU + Margen sobre el coste

Si se trabaja con un 25 por 100 de margen el precio será:

PV = 17 × (1 + 0,25) = 21,25 u.m.

Este método es muy utilizado por los pequeños minoristas, puesto que en la mayoría de los casos la única información que conocen con certeza es la de los precios de compra de los productos que comercializan, y no tienen en cuenta la importancia que deben tener los demás costes fijos en los que incurren. Este método producirá un efecto inflacionista, ya que cualquier aumento de los costes de adquisición de los productos se traduce en un aumento de los precios de venta, sea o no justificado el mismo por el minorista.

En muchas ocasiones los minoristas deben realizar descuentos en los productos que comercializan (minoristas de electrodomésticos, textil, etc.). En estos casos la información de que disponen sobre la cantidad de descuento que pueden realizar es relativamente complicada de calcular, puesto que si sobre el precio calculado con el método anterior se realiza un descuento del 25 por 100, no sólo estaremos dejando de ganar, sino que estaremos vendiendo bajo coste. Para evitar este efecto en muchas ocasiones se utiliza el método de margen en el precio.

❏ Margen en el precio

Este método de fijación de precios también se basa en los costes, que son tomados como información de partida, aunque aquí el precio se fija teniendo en cuenta que una parte del mismo debe ser el margen, es decir, el margen a aplicar por la organización no se calcula sobre los costes, sino sobre el precio.

Se puede observar que en esta situación el minorista, al calcular el precio de su producto, sabe en cada momento qué parte del mismo corresponde a costes y cuál proporciona margen para la organización, y en caso de tener que realizar un descuento o reducción de precio cuenta con la máxima información.

Ejemplo de cálculo del precio por el método de margen en el precio:

Coste Variable Unitario. . . . . 15 u.m. . . . . CVU
Costes Fijos . . . . 1000 en miles . . . . CF
Producción planificada . . . . 500 en miles . . . . PP

Coste Total Unitario (CTU) = CV + (CF / PP)

CTU = 15 + (1000 / 500) = 17 u.m.

Precio de Venta (PV) = (Margen × PV) + CTU

Si se trabaja con un 25 por 100 de margen el precio será:

PV = 17 / 0,75 = 22,66 u.m.

Los métodos descritos hasta ahora no hacían referencia alguna a los beneficios obtenidos por la organización. Si nos basamos en los costes, podemos obtener un precio que haga los beneficios iguales a una cantidad preestablecida; este método es del beneficio objetivo, también llamado del precio objetivo.

❏ Método del beneficio objetivo

El método del beneficio objetivo parte, como en los casos anteriores, de unos costes y de una cantidad de actividad (producción planificada) a partir de la cual se establecen los distintos costes, y fijando una cantidad de beneficio a obtener (beneficio objetivo) se plantea el cálculo del precio que posibilita la obtención del mismo. Este método se puede utilizar de forma conjunta con el concepto ya comentado de umbral de rentabilidad o punto muerto.

Ejemplo de cálculo del precio por el método de beneficio objetivo:

Coste Variable Unitario. . . . . 7 u.m. . . . . CVU
Costes Fijos . . . . 500 en miles . . . . CF
Producción planificada . . . . 100 en miles . . . . PP
Beneficios objetivo . . . . 500 en miles . . . . BO

Precio de Venta (PV) = CVU + (CF + BO) / PP

PV = 7 + (500 + 500) / 100 = 17 u.m.

El umbral de rentabilidad será:

Q = CF / (PV − CVU)

Q = 500 / (17 − 7) = 50 unidades (en miles)

Este método, dado que permite la utilización del análisis de punto de equilibrio o umbral de rentabilidad, resulta indudablemente gráfico, y permite a la empresa mantener distintos escenarios o reformular la cantidad de beneficio a obtener a partir del umbral de rentabilidad.

6.4.2. Métodos basados en la competencia

Los métodos basados en la competencia se centran en el carácter competitivo del mercado y en la actuación de las demás empresas frente a nuestras acciones. Son más reales, y sólo tienen en cuenta a los costes como límite inferior del precio. Los principales métodos que se encuadran dentro de este grupo son dos, los de licitación o de propuesta sellada y los que obtienen el precio a partir del nivel actual de precios. Ambos métodos tienen un fuerte componente probabilístico, puesto que en los dos casos la decisión de fijación del precio se encuentra condicionada por las acciones que lleven a cabo los competidores y por la probabilidad de ocurrencia de cada una de las citadas acciones. En la mayoría de las ocasiones estos métodos se usan en combinación con otros de los ya descritos o de los que se describirán más adelante. Se puede destacar también que estos métodos se utilizan en mercados donde la competitividad es muy elevada, en los que los productos están es su fase de madurez, cuando se trata (principalmente) de productos realizados a medida (producción por encargo, edificaciones, etc.) y también como métodos complementarios, cuando las organizaciones disponen de excedente de capacidad productiva y confían en poder llevar a cabo toda su producción prevista, de forma que acuden a nuevos mercados ofreciendo sus productos a unos precios que son fijados mediante métodos basados en la competencia.

❏ Licitación o propuesta sellada

Este método de fijación de precios se basa en las distintas ofertas que realizan distintos productores frente a una demanda especificada de antemano, normalmente se aplica para pedidos *ad-hoc* o para concursos de suministros, en los que el comprador especifica las características y condiciones que debe reunir el producto o servicio y las hace públicas a un conjunto de posibles proveedores. Los encargados de la fijación del precio deben tener en cuenta que sólo conseguirán la venta del producto si su oferta es la más adecuada (barata) en la relación calidad/precio demanda por el comprador. A medida que una organización aumente el precio de un producto o servicio con la intención de obtener un mayor beneficio, disminuirá la probabilidad de que su oferta sea la más adecuada, con lo que posiblemente resulte escogida la oferta de un competidor. La forma de calcular el precio es a través de la esperanza matemática de ganancia, es decir, se buscará el precio que maximice el producto entre beneficios que proporciona el nivel de precio y la probabilidad de que dicha oferta resulte escogida.

Con respecto a este método cabe destacar que lo mas difícil del mismo es la estimación de la probabilidad de que nuestra oferta salga seleccionada. Para ello, se puede acudir a una probabilidad *a priori* (u opinión de experto), se puede utilizar la probabilidad *a posteriori* (análisis bayesiano), o incluso se puede establecer el uso de probabilidades condicionadas.

Ejemplo de cálculo del precio por el método de licitación

Si el coste calculado de la oferta es de 24.900 u.m., el beneficio se obtiene por la diferencia entre precio de venta y coste. Las probabilidades en este ejemplo vienen determinadas por un estudio. Los beneficios esperados son el producto entre beneficio de la oferta y probabilidad de consecución del contrato:

Oferta presentada	Beneficio de la oferta	Probabilidad de consecución del contrato	Beneficio esperado
25.000	100	70 %	70
28.000	3.100	40 %	1.240
31.000	6.100	10 %	610
34.000	9.100	2 %	182
37.000	12.100	0,2 %	24,4

La elección en esta situación es bien sencilla. Suponiendo que las probabilidades de obtención del contrato están bien calculadas, la opción que maximiza nuestro beneficio esperado (esperanza matemática) es la segunda.

Hay que tener en cuenta otros aspectos: la oferta de la opción más baja no siempre proporciona a la organización el resultado esperado, o existe la posibilidad de que una oferta sea declarada baja temeraria y por lo tanto sea desestimada. También influyen aspectos como la experiencia, o factores como el conocimiento del mercado, que nos pueden permitir prever los niveles aproximados de precios a los que ofertarán nuestros competidores.

❐ **Método a partir del nivel actual de precios**

Este método se basa en la situación actual de los precios y en cómo reaccionarán los competidores ante disminuciones o aumentos de nuestros precios. En este método también se tiene en cuenta la respuesta o reacción de la demanda. El método puede utilizarse de distintas formas, desde una aplicación intuitiva hasta una aplicación científica. Consiste en que la organización, ante los cambios de precios de un competidor, se plantee qué ocurrirá si le sigue en dichos cambios o si por contra permanece en el nivel actual de precios; además, debe valorar también qué es lo que van a hacer sus directos competidores. Para ello la empresa formula diversos escenarios, ante los cuales modifica o no sus precios e intenta cuantificar frente a distintas acciones de los competidores qué es lo que ocurrirá. Este método puede parecerle al lector algo de perogrullo, pero no es así, puesto que parte, normalmente, del posicionamiento del producto en el mercado y de la percepción (de forma intuitiva) del producto por los consumidores. Por ejemplo, si una organización esta posicionada como producto de calidad y tiene un precio superior al de la mayoría de los competidores, cuando éstos suban sus precios, por distintas razones, la organización en ocasiones se verá obligada a su vez a aumentar los precios también para que su producto siga teniendo la misma referencia frente a sus competidores. Pero estas subidas, ¿han de ser en la misma proporción que las de la competencia?, ¿pueden ser inferiores a las de la competencia?, o, por contra, ¿deben ser superiores a las de la competencia? Esto se puede resolver mediante el planteamiento de diversos escenarios que nos dirán qué opción es la más adecuada. El método se complica a medida que aumente la sofisticación de las técnicas empleadas para crear los escenarios y calcular su probabilidad de ocurrencia.

Una simplificación de este método es la técnica de seguir al líder. En muchos mercados existen organizaciones que bien por su tamaño, por su tecnología o por su buen hacer son consideradas por las demás como líderes. Cuando existe esta situación es bastante común que todas las organizaciones sigan la iniciativa de estos líderes, evitando de esta forma las guerras de precios.

6.4.3. Métodos basados en la demanda

La demanda de un producto es la cantidad del mismo que el mercado está dispuesta a aceptar. Como es normal dependerá del precio a que el producto puede ser encontrado en el mercado y de un conjunto mucho más amplio de factores, como pueden ser el valor o utilidad que asociemos al producto o servicio, las disponibilidades económicas de los compradores, etc.

Desde cierto punto de vista estos métodos son más realistas, puesto que atienden al comportamiento de la demanda frente a distintos estímulos (como el precio) para la fijación de los mismos. Este conjunto de métodos son los que están avalados por un mayor cuerpo teórico, y en muchos de los casos provienen de la microeconomía. A través de ellos se puede conseguir la maximización de los beneficios, la maximización de las ventas o incluso la maximización del atractivo del precio/producto para el consumidor. En contra de este conjunto de métodos podemos destacar la dificultad de obtención de la información necesaria para ser llevados a cabo, puesto que parten de premisas tales como el conocimiento de la función de demanda de los consumidores o las preferencias de los mismos sobre los distintos atributos que configuran los productos, etc., informaciones todas ellas que poseen un nivel de complejidad elevado y que son difíciles de obtener para la mayoría de las organizaciones que intervienen en el mercado, lo cual da como resultado que se tomen decisiones con datos del pasado (más o menos recientes) y que no reflejan la situación actual de la empresa en el mercado. Dentro de este grupo podemos encontrar el análisis marginalista, una variante del mismo que es la elasticidad de la demanda-precio, el del valor percibido, y la experimentación, entre otros.

❐ **Análisis marginalista**

El análisis marginalista aparece cuando las empresas son capaces de conocer la curva de demanda que tienen sus productos y servicios en el mercado. En estas ocasiones, las empresas pueden ser capaces de observar cómo evoluciona la demanda de los productos en función del precio y averiguar cuánto beneficio proporciona cada unidad adicional que se vende en el mercado, de forma que se fijen los precios para conseguir el máximo beneficio posible; de la misma manera, se puede calcular cuál es el precio que permitirá a la organización obtener unos ingresos máximos, es decir, que permitirá maximizar las ventas del producto o servicio en el mercado.

Este método de fijación de precios también se puede abordar desde la perspectiva de las elasticidades demanda-precio. Los principales problemas que plantea es que la demanda en el mercado de cualquier bien o servicio no depende únicamente del precio, sino que también está en función de los demás productos del mercado, del precio de los mismos y de otras variables y situaciones como las modas, los gustos de los consumidores, la situación económica general e incluso de los avances tecnológicos.

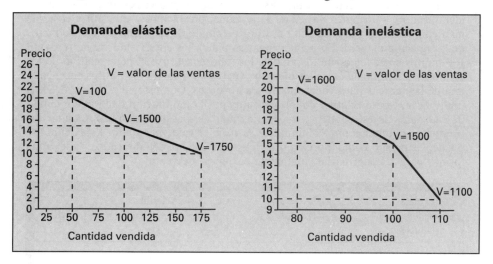

Figura 6.3. Análisis marginalista.

❐ **Valor percibido**

El método del valor percibido se basa en la forma en que los consumidores evalúan la información que son capaces de obtener sobre distintos productos y servicios. Como ya se ha comentado en temas anteriores, los productos son percibidos por los consumidores como un conjunto de atributos o característi-cas que el consumidor cree que posee por un bien o servicio, los cuales identifica con distinta intensidad y valora de forma diferente; pues bien, este método de fijación de los precios se basa en ello y consigue por alguna de las vías posibles que el comprador identifique la importancia que él asigna a cada uno de los distintos atributos, a partir de los cuales se puede conseguir establecer un precio para un producto que además refleje el valor del mismo, con lo que éste es el único método de entre los descritos que hace referencia al valor del producto como un todo para el consumidor y utiliza esta relación para fijar un precio acorde con la situación de dicho producto en el mercado.

También cabe destacar que este método de fijación de precios nos dará una referencia de cómo es percibido nuestro producto frente a los de la competencia, pudiendo quedar claro que, en ocasiones, los consumidores valoran escasamente aquellos atributos que más nos diferencian de los competidores y que nos sitúan en una posición de ventaja, dejando patente este método que si somos capaces de hacer que el consumidor valore más positivamente aquel atributo en el cual destacamos, podemos modificar al alza los precios sin alterar la relación precio/valor y sin modificar el producto o servicio.

Ejemplo de cálculo del precio por el método del valor percibido

Si tenemos productos de un mismo tipo de las marcas A B y C, y hemos identificado los atributos variedad de la gama, prestaciones, vida útil y coste de mantenimiento, se puede calcular el valor percibido de cada uno de los productos de la siguiente manera. En primer lugar se pide a los entrevistados que repartan 100 puntos entre los atributos analizados; esto constituye el peso relativo de los atributos; a continuación se les pide que vuelvan a repartir 100 puntos entre cada una de las marcas para cada uno de los atributos. Con estos datos se procede a multiplicar el peso relativo de los atributos por la puntuación dada al contenido de cada uno de estos atributos para las marcas, pasando después a sumar los productos obtenidos por columnas, y se tiene el valor percibido. Estas cifras se pueden expresar como porcentajes del valor medio del mercado, o de otras formas para transformarlas finalmente en precio de venta.

Peso relativo de los atributos	Atributos	Media			Media
		A	B	C	
25,0	Variedad de la gama.	40,0	40,0	20,0	
30,0	Prestaciones.	33,3	33,3	33,3	
30,0	Vida útil.	50,0	25,0	25,0	
15,0	Coste de mantenimiento.	40,0	35,0	20,0	
	Valor percibido.	40,9	32,65	24,9	33,31

Este método de fijación de precios es válido cuando se intenta fijar un precio frente a muchos productos heterogéneos y de difícil comparación, también cuando se trata de productos ampliados, en los que resulta difícil la comparación y puede ser vendido a un precio distinto siempre que el consumidor los perciba como diferentes.

6.5. ESTRATEGIAS DE PRECIOS

Las estrategias de precios son un conjunto de normas y formas de actuar con la variable precio que van encaminadas a distintos objetivos que deben ser acordes con los objetivos generales de la organización. A continuación, vamos a abordar distintas estrategias que pueden ser clasificadas desde diversas perspectivas. Nosotros hemos optado por agruparlas en términos de semejanza, y hemos distinguido las de productos nuevos, las de línea de producto, las de precios diferenciales, las de precios psicológicos y las basadas en criterios geográficos. Aunque existe una mayor variedad de la presentada, creemos que esta selección resulta lo suficientemente amplia y diversa como para dar al lector una buena perspectiva.

6.5.1. Productos nuevos

Las estrategias de productos nuevos se suelen aplicar cuando una organización introduce nuevos productos en el mercado; éstos pueden ser productos innovadores o productos imitadores, o simplemente cuando una organización se introduce en un nuevo mercado. Se distinguen entre dos estrategias claramente opuestas, una de precios bajos y otra de precios elevados.

❑ Precios de introducción o de penetración

La estrategia de precios de introducción se basa en la utilización de los precios más bajos posibles que pueda soportar la organización, de forma que nuestro producto nuevo en el mercado resulte lo más atractivo posible para el consumidor y reduzca el riesgo añadido a la compra de un nuevo producto. También se utiliza cuando nuestra organización llega tarde a un nuevo mercado y buscar obtener rápidamente una buena posición en el mismo. Con ello se intenta conseguir diversos objetivos, el primero es la obtención de una alta cuota de mercado en el menor tiempo posible, otro es inducir a la prueba del producto o servicio; también debemos tener en cuenta que esta estrategia supone un arma de defensa contra los nuevos competidores. Si comercializamos nuestro producto a un precio bajo con un escaso margen, otro competidor deberá realizar una fuerte inversión para poder salir al mercado con unos costes menores y a un precio menor para garantizarse un éxito relativo, con lo que esta estrategia constituye una barrera de entrada al sector. Deberemos intentar utilizar este tipo de estrategia cuando trabajemos con productos que sean fácilmente imitables y, por lo tanto, que permitan la rápida aparición de los competidores. Las premisas utilizadas para la aplicación de esta estrategia es que la demanda es elástica al precio, y que el aumento de las ventas propiciados por los bajos niveles de precios nos permitirán beneficiarnos en poco tiempo de las economías de escala y del efecto curva de experiencia.

❏ Tamizado gradual, o desnatado del mercado

El tamizado gradual del mercado, desnatado o descremado de precios, es la estrategia que utiliza precios altos para introducir los nuevos productos en el mercado. Parte del conocimiento de los distintos niveles adquisitivos y oferta en primera instancia los productos a los precios más altos que sea capaz de aceptar el mercado. Esto, aunque supone que hace más atractiva la llegada de la competencia por la esperanza de beneficio, normalmente evoluciona hacia una bajada progresiva de precios. Los productos sobre los que se suele aplicar este tipo de estrategias son los productos innovadores y todos aquellos que sean difíciles de imitar por los competidores. La fijación de los precios más altos no es una muestra de la avaricia de la organización, sino que se corresponde con una realidad clara, puesto que en la introducción de cualquier producto, los costes son mucho más elevados que en la fase de madurez, todavía se debe mejorar el diseño y, además, la demanda es baja. También tenemos la resistencia de los intermediarios a incorporar nuevos productos al surtido. Por estas razones y por la necesidad de la organización de recuperar rápidamente las inversiones realizadas se encuentra justificada la utilización de precios elevados. Esta estrategia contempla que, a medida que se vaya saturando el mercado, las disminuciones de precio contribuirán a reactivarlo, haciendo asequible de esta forma el producto a los grupos de consumidores con menores recursos económicos. Además, en el caso de que el mercado no acepte el producto al precio ofrecido, siempre es mejor acogida una reducción de precios que una subida.

6.5.2. Líneas de producto

Las estrategias de precios por líneas de producto reciben este nombre porque las decisiones sobre los precios de un producto no se toman de forma aislada, sino en relación con los demás productos que conforman la línea. Entre estas estrategias destacan la de líder de pérdidas, la del precio en dos partes y la de precio único.

❏ Líder de pérdidas

Esta estrategia se lleva a cabo principalmente en los comercios minoristas. Se trata de ofrecer un producto de los que configuran la línea a un precio muy bajo, en ocasiones incluso por debajo de coste. La finalidad es crear una oferta tan atractiva que obligue a los consumidores a acudir al punto de venta, de forma que una vez en el establecimiento, no sólo comprarán el producto de oferta, sino que realizarán la mayor parte de sus compras, proporcionando beneficios a la organización con los demás productos comprados. Este tipo de estrategia también es llevada a cabo por fabricantes de electrodomésticos o de automóviles, que ofrecen un producto básico a un precio muy competitivo, incluso sabiendo que el consumidor no realizará la compra del mismo, pero permite llamar su atención con mensajes como «*Tenga un nuevo X desde tan sólo ...pts.*».

❏ Precio en dos partes

El precio en dos partes es una forma de fijación de precios muy utilizada por las organizaciones que comercializan servicios, incluso por algunas que venden productos. Se trata de dividir el precio del bien o servicio en una parte fija, que viene expresada por la capacidad de disfrutar del servicio o producto, y otra variable en función del uso que se hace del mismo. Algunos ejemplos de esta estrategia son las tarifas de teléfono, luz, agua, o incluso algunas cadenas de pizzerías, que fijan los precios a sus pizzas por tamaño, añadiendo una parte variable al precio en función de la cantidad de ingredientes que se quieren añadir.

❏ Precio único

La estrategia de precio único consiste en ofrecer todos los productos de una línea a un mismo precio. Esto en principio puede parecer poco adecuado, o incluso indiferente, pero desde el punto de vista del consumidor la existencia de un gran grupo de productos a un único precio permite al consumidor fijar su decisión en otros aspectos distintos del precio, con lo cual le facilitan la tarea. Esta estrategia tiene algunos inconvenientes, como que ante subidas de los costes de los productos el vendedor debe optar entre reducir su margen o eliminar el producto de esa línea. Como ejemplos podemos citar las tiendas de Todo a Cien, o algunas cadenas de ropa como «Massimo Dutti», que ofrecen determinados tipos de productos al mismo precio.

6.5.3. Precios diferenciales

Los precios diferenciales se utilizan cuando se vende un mismo producto a distintos precios en función de distintas situaciones, momentos del tiempo, características del cliente, etc. Se aplican en función de la existencia de distintas funciones de demanda en distintas situaciones, y permiten obtener una mayor demanda y ventas en cada una de ellas.

❏ Precios variables

Dentro de la estrategia de precios variables se suelen incluir los distintos niveles de precio en función de las características del cliente o del producto.

Existen productos, como los fabricados bajo pedido (barcos, trenes o instalaciones industriales) en los que el precio es pactado entre ambas partes. Hay otras situaciones en las que la organización ofrece el producto o servicio a distintos precios en función del tipo de comprador, en ocasiones como remuneración a los distintos tipos de clientes (mayoristas, minoristas, instaladores, etc.) por las tareas realizadas y su ayuda a la venta.

❐ Descuentos periódicos

Los descuentos periódicos son aquellos que se producen en función del tiempo. Si los tratamos de forma amplia, podemos incluir desde los precios por temporadas (alta, media, baja) hasta las tarifas horarias de telefónica o hidroeléctrica, incluyendo las horas valle y punta de RENFE. El origen de esta estrategia es la existencia de distintos niveles de demanda en distintos momentos del tiempo, hecho mucho más importante en los productores de servicios, que cuando la demanda está al máximo pierden ventas si no pueden satisfacerla, y cuando ésta disminuye pierde ventas por la capacidad disponible no utilizada. En los vendedores de productos, esta estrategia intenta alisar la temporalidad de la demanda o dar salida a los productos que dejarán de ser demandados a corto o medio plazo.

❐ Descuentos por pronto pago

El descuento por pronto pago es una contramedida contra las practicas comerciales habituales de pago aplazado de 30, 60 y 90 días. A medida que la situación financiera ha ido aumentando los costes por financiación de las ventas, las empresas han ido ofreciendo ventajas para favorecer el pago en el corto plazo o al contado, de forma que traducen todos o parte de los gastos de financiación de las ventas como reducciones de precios para los compradores.

❐ Descuento por volumen

En los descuentos por volumen se debe distinguir entre dos tipos diferentes, los acumulables y los no acumulables. La finalidad de ambos es bien distinta, pues si bien los primeros buscan fidelizar a la clientela en los productos de la empresa y aumentar las ventas, los segundos se centran en el aumento de las ventas, sobre todo en el corto plazo, y en la obtención de economías de gestión de los pedidos. Los acumulables se practican sobre todas las compras realizadas por un cliente en un período de tiempo dado, son los conocidos *rappels* comerciales. Los descuentos no acumulables se aplican en cada una de las compras, consiguiendo un efecto de anticipación de las compras en el tiempo y el aumento momentáneo de las ventas; deben ser preparados con sumo cuidado, puesto que los descuentos se aplican por tramos reduciendo el precio unitario cada vez que se accede a tramo superior.

❑ **Descuento en segundo mercado**

En la mayoría de productos o servicios, existe un segundo mercado que está separado físicamente del mercado principal y entre los cuales no existe posible transferencia de producto o servicio; si se dan estas condiciones se está en situación de poder aplicar los descuentos en segundo mercado. La estrategia supone que ante la existencia de estos segundos mercados y la capacidad productiva excedente permite ofrecer el producto o servicio en estos mercados a un precio inferior. Un ejemplo de esto son los precios para jubilados, las entradas a espectáculos para niños, etc. Si la venta del segundo mercado se produce en otro país diferente y absorbiendo parte de los costes (sin beneficios) recibe el nombre de *dumping*, que es una práctica perseguida por casi todos los Estados.

6.5.4. Precios psicológicos

Los precios psicológicos son aquellos que se basan en la percepción del precio por los consumidores y la forma en que éstos interactúan con el mismo, teniendo en cuenta algunos de los beneficios buscados.

❑ **Precios de prestigio**

La estrategia de precio de prestigio se basa en la asociación entre precio y calidad que realizan muchos consumidores, hecho que les lleva ante falta de información o tiempo para obtenerla a seleccionar los artículos de mayor precio como sinónimo de mayor calidad. Este hecho puede ser utilizado por las organizaciones ofreciendo productos que, muy semejantes a los de mayor calidad, ofrezcan un precio igual o superior al de ellos.

❑ **Precio par-impar**

Bajo este título se muestran dos estrategias diferentes. Por un lado la estrategia de precios impares intenta hacer percibir al consumidor el precio del producto como inferior; esto se consigue mediante la reducción de la cifra total dejando acabar la cantidad del precio en número impar, por ejemplo 999 en lugar de 1.000, con lo que el consumidor percibe el precio del producto con tres cifras en lugar de cuatro. En el extremo opuesto están los precios pares, que pueden utilizarse en el sentido estrictamente inverso o también como estrategia de gestión, de forma que se hace que los precios de los productos terminen en cifras pares o múltiplos de las monedas fraccionarias mas utilizadas, simplificando la tarea de cobro de las mismas.

6.5.5. Precios geográficos

Los precios geográficos se fijan en función de criterios geográficos o de proximidad, intentando atraer de esta forma parte de la demanda más alejada o ampliar el radio de acción, o simplemente intentar promover las ventas en un área determinada.

❑ L.A.B.

Las siglas de esta estrategia se corresponden con Libre A Bordo, y hacen referencia a la fijación de un precio uniforme para el producto puesto en el transporte de los compradores. Esto supone que el precio final para cada consumidor será distinto en función de la distancia, lo cual nos hace menos competitivos para los clientes más lejanos, pero por otro lado supone una simplificación de gestión, ya que el precio de venta es uniforme.

❑ Entrega uniforme

Significa que el producto se vende a un mismo precio a todos los consumidores, pero éste es en el lugar de consumo o domicilio del comprador. Esto supone que cada una de las ventas puede aportar distintos márgenes para la organización, lo que implica que los clientes más alejados geográficamente estarán obteniendo unos precios mejores, puesto que el precio se calcula como costes más márgenes añadiéndole los costes de flete a un punto intermedio, de forma que los consumidores más cercanos al punto de venta pagan parte de los fletes de los consumidores más alejados geográficamente.

❑ Precio por zonas

Es una solución intermedia entre las dos anteriores. Supone que se divide el mercado en zonas o áreas, fijando un precio uniforme de entrega en cada una de ellas. El problema de esta estrategia estriba en la forma de arbitrar los precios en las áreas limítrofes entre dos zonas.

CONCEPTOS CLAVE

Precio. La cantidad de dinero que un consumidor ha de desembolsar para disfrutar de un bien o servicio que le proporciona una utilidad.

Elasticidad demanda-precio. Relación entre las variaciones de precio y cifra demandada por el mercado.

Economías de escala. Reducción del coste unitario de producción favorecida por la cantidad de bienes que se realizan en un mismo período de tiempo; no cuesta lo mismo hacer un bien que cien a la vez.

Curva de experiencia. Efecto de aprendizaje de la producción que supone que cada vez que se duplica la producción acumulada (experiencia), se reducen en un tanto por 100 dados los costes que generan valor añadido al producto realizado.

Punto muerto, de equilibrio o umbral de rentabilidad. Momento del tiempo en el los ingresos por ventas han sido capaces de absorber los costes variables necesarios para las mismas y la totalidad de los costes fijos.

Métodos de fijación de precios. Procedimientos establecidos, que atienden a diversos criterios para la fijación de los precios finales de los productos. Se suelen distinguir los basados en los costes, los basados en la competencia y los basados en la demanda. Los métodos de fijación de precios pueden ser utilizados de forma conjunta en función de distintas situaciones.

Estrategias de precios. Directrices básicas que se plantean con distintos objetivos y suponen modificaciones de los niveles de precios (aunque no variación de los métodos de fijación) y pueden ser utilizadas conjuntamente en función de distintas situaciones y mercados.

CUESTIONES DE ANALISIS

1. ¿Cree usted que el precio únicamente es la expresión monetaria del valor de un bien o servicio? Redacte alguna otra definición de precio que muestre algunos factores que considere importantes y no hayan sido tenidos en cuenta en la definición facilitada.
2. Reflexione: una empresa tiene unos costes como los planteados en el ejemplo del cálculo del precio por el método del beneficio objetivo, que se corresponden con una ocupación de la capacidad productiva del la empresa del 80 por 100, ¿Podría vender 25.000 unidades de producto a un precio de 14 unidades monetarias, obteniendo unos beneficios de 175.000 unidades monetarias?
3. Explique por qué la empresa puede obtener unos beneficios de 175.000 unidades monetarias con la venta de 25.000 unidades de producto. ¿En qué situación se debe encontrar dicha empresa para conseguir estos beneficios sin abandonar los objetivos expuestos en el ejemplo?
4. Explique qué condiciones debe reunir el mercado comprador de estas 25.000 unidades a un precio de 14 para que no obstaculice los objetivos planteados en el ejemplo por la empresa.
5. Si desea conseguir la fidelidad de los compradores a su punto de venta ¿qué estrategia cree que es la más adecuada? Razone su respuesta.
6. Para vender en su establecimiento trajes de tres calidades claramente diferenciadas, con distintos modelos en cada una de las calidades, ¿qué estrategia de precios cree usted que debería adoptar?
7. Si, además, observa que los estudiantes universitarios no son clientes habituales de su establecimiento, aunque sí que compran trajes para asistir a actos académicos y fiestas en determinadas fechas, ¿Podría utilizar alguna de las estrategias descritas para aproximarlos a su establecimiento? Enumere las estrategias que usted utilizaría y razone el por qué de su decisión.

LECTURAS RECOMENDADAS

TELLIS, GERARD J. (1986). «Beyond the Many Faces of Pice: An Integration of Pricing Strategies». *Journal of Marketing.* Vol. 50, (October) págs. 146-160.
MARTIN ARMARIO, E. (1980). «Métodos y Modelos de Fijación de Precios de Venta». *Revista de Economía y Empresa.* núms. 3 y 4, págs. 47-92.

DIEZ DE CASTRO, E. C. (1983). «Política de Precios en la Empresa». *Publicaciones del CUR, La Rábida*, págs. 28-37.

MIQUEL PERIS, S. (1981) «Un Caso Especial en la Fijación de Precios en la Empresa: Aspectos Jurídicos y Económicos en los Modelos Estocásticos de Licitación Competidora». *Actas de los III Coloquios sobre Temas Empresariales*. Universidad Hispanoamericana de La Rábida. págs. 177-184.

CAPITULO 7

La distribución comercial

7.1. LA DISTRIBUCION COMERCIAL COMO VARIABLE DEL MARKETING

La *distribución* como herramienta del marketing tiene como objeto trasladar el producto desde el origen de su puesta a punto, la fábrica, hasta el consumidor final, y es una de las variables estratégicas del marketing-mix, ya que la mayor parte de sus decisiones se enmarcan en un horizonte temporal que se ubica en el largo plazo.

Una vez el producto ha finalizado su etapa de producción, es necesario ponerlo a disposición del comprador, y es la variable distribución comercial la que desarrolla esta función. El producto no sólo debe tener una relación calidad-precio conveniente y darse a conocer mediante una adecuada comunicación, sino que además debe ser accesible al consumidor y, por tanto, estar en el lugar propicio para su venta. La diferencia que se produce entonces entre el precio de venta del fabricante y el precio de venta en el establecimiento comercial viene a retribuir las funciones desarrolladas por los distintos miembros que intervienen en la distribución del producto, cubriendo su coste y generando un beneficio para las distintas etapas en las que se desarrolla el recorrido productor-consumidor. Todas las etapas configuran lo que se denomina *canal de distribución*, y cada una de ellas es un intermediario del canal, formando parte, todos ellos, del sector distribución comercial.

El sector distribución comercial es un sector de la economía dentro del sector terciario. Representa, por tanto, una actividad de servicio que, además, explica actualmente en España, un elevado porcentaje del Producto Interior Bruto, constituyéndose en los últimos años, en gran parte, como el motor del crecimiento experimentado por el sector servicios en la economía española.

En la distribución comercial se describe actualmente en España un panorama cambiante derivado, entre otras causas, de la introducción de empresas foráneas, de los cambios de hábitos de consumo por parte de las familias españolas (incorporación de la mujer al mercado de trabajo, la introducción de la tecnología en el ámbito doméstico, ...) y de las modificaciones en las relaciones fabricante-distribuidor. La introducción continua de nuevas fórmulas comerciales y el desarrollo de nuevos circuitos de distribución hacen de la distribución, como a continuación veremos, un sector nada estático.

7.2. EL CONCEPTO DE CANAL DE DISTRIBUCION, EL PAPEL Y LAS FUNCIONES DE LA DISTRIBUCION COMERCIAL

El canal de distribución representa, como ya hemos indicado, el camino que el fabricante sigue para hacer llegar su producto al consumidor final, generando un nexo entre ambos. Los distintos circuitos que se pueden trazar para vincular el bien desde el origen que representa el punto de producción hasta el destino que representa el consumidor final, son los canales de distribución. Para alcanzar este objetivo, el producto puede atravesar múltiples etapas o ninguna, es decir, el producto puede pasar por intermediarios entre el fabricante y el consumidor final o bien distribuirse de forma directa desde la producción hasta su destino último, el consumidor final. Los intermediarios de un canal de distribución son, por ejemplo, los mayoristas y los minoristas. Los primeros ponen en contacto al productor con el detallista, los segundos vinculan al mayorista con el consumidor final. Esta sería la *función básica* que origina la existencia de la variable de marketing distribución comercial: *trasladar el producto desde un punto de origen (fabricante, mayorista, minorista) hasta un punto final (mayorista, minorista, consumidor)*. Pero además de esta función principal, el distribuidor desarrolla otras muchas funciones:

- ◆ *Informa*. Cada miembro del canal informa al miembro siguiente tanto en vía descendente (por ejemplo, mayorista a minorista) como en vía ascendente (por ejemplo, consumidor final a minorista).

- ◆ *Da servicios adicionales*. Además de la información, la garantía, en ocasiones la puesta a punto del producto o la devolución, son servicios que cada intermediario genera y asume para los demás miembros del canal.

- ◆ *Almacena los productos, los transporta y entrega*. Cada una de las etapas de un canal de distribución almacena los productos para el siguiente intermediario, transportando los productos de un punto a otro y entregándolos bien al consumidor final, bien a otros intermediarios del canal.

- ◆ *Concentra los distintos productos*. Facilita la selección a la etapa siguiente del canal, puesto que cada miembro del canal agrupa para los demás intermediarios los distintos productos. El detallista, por ejemplo, lleva a cabo esta función comprando a los distintos mayoristas y agrupando y creando un surtido para el cliente.

- ◆ *Minimiza el número de transacciones*. Desarrolla una función económica, ya que permite que el número de intercambios sea mínimo agilizando el circuito de distribución (véase Figura 7.1). Si existen n fabricantes y m consumidores, el número de transacciones posibles sería $n \times m$, mientras

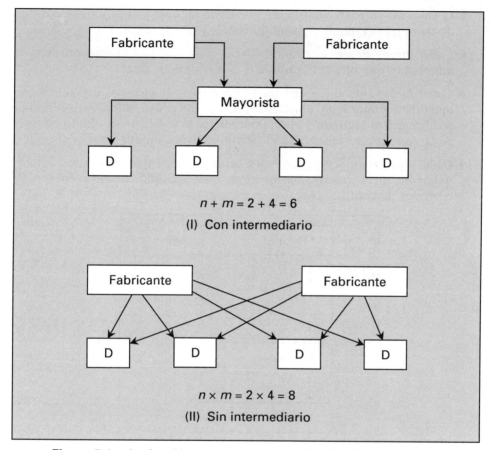

Figura 7.1. La función económica de la distribución comercial.

que con la existencia de un intermediario en el canal el número será $n + m$, reduciéndose considerablemente el número de nexos necesarios para que el producto llegue al consumo final.

♦ *Financia el proceso.* Cada miembro del canal puede proporcionar créditos a otro miembro; por ejemplo, los detallistas pueden pagar a los mayoristas o a los productores a 30, 60 y 90 días, mientras que sus ventas se pueden efectúar en el establecimiento comercial bien al contado, bien mediante pago aplazado.

7.3. LAS DECISIONES EN EL CANAL DE DISTRIBUCION

Desde la perspectiva anterior se distinguen, en función de las etapas (que representan intermediarios del canal) que el fabricante seleccione, es decir, de su longitud, básicamente cuatro tipos de canal:

♦ *Canal ultra-corto.* No existe intermediario alguno, y el producto se dirige desde el fabricante al consumidor final.

♦ *Canal corto.* Posee un intermediario (por ejemplo, el mayorista o el minorista), que ofrece el producto al consumidor final.

♦ *Canal largo.* Introduce dos intermediarios (por ejemplo los anteriores, mayorista y minorista) entre el fabricante y el consumidor final; el primero abastece al segundo y el segundo ofrece el producto al último eslabón de la cadena que representa el circuito, el consumidor final.

♦ *Canal muy largo.* Serían todos los demás canales que introducen adicionalmente otros intermediarios como por ejemplo, agentes de ventas, centrales de compra, etc.

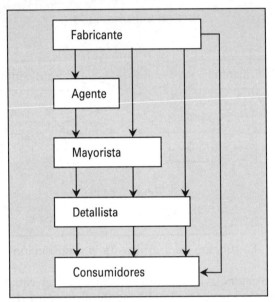

Figura 7.2. Las etapas de un canal de distribución.

Además de la decisión relativa al número de intermediarios entre el fabricante y el consumidor que diseñan la estructura vertical del canal, debe ser tomada una segunda decisión en la distribución de un producto. Es necesario determinar el número de detallistas que van a poder ofrecer el producto a la venta en la última etapa del canal, configurando su estructura horizontal. De esta forma, y siguiendo a Kotler (1992), se puede hablar de política de distribución intensiva, selectiva o exclusiva:

♦ *Distribución intensiva.* Es el tipo de distribución que permite la inclusión del máximo número de puntos de venta, alcanzando la máxima cobertura del mercado. Mediante este tipo de distribución el fabricante consigue llegar al cliente a través de múltiples establecimientos comerciales.

♦ *Distribución selectiva*. A través de la distribución selectiva el fabricante restringe el número de puntos de distribución mediante los que quiere llegar al consumidor; es un tipo de distribución intermedia entre la intensiva y la exclusiva.

♦ *Distribución exclusiva*. Es el tipo de distribución que contempla el mínimo número de establecimientos comerciales. Va acompañada generalmente de un acuerdo entre detallista y fabricante mediante el cual el primero se compromete a no ofrecer en el punto de venta líneas de productos de otras marcas, similares a las distribuidas en exclusiva, mientras que el segundo le garantiza la actuación como único intermediario en una zona geográfica delimitada.

Los dos tipos de decisión anteriores están condicionados por un conjunto de factores que en ocasiones determinan la propia selección y que se relacionan fundamentalmente con el *entorno* en el que actúa la empresa (ya que elementos sociales, económicos, políticos, etc., pueden limitar las opciones de selección): la *competencia* (puesto que la forma en que la mayor parte de las empresas que actúan en un mismo mercado distribuyen el producto, puede ser una restricción para la búsqueda de vías alternativas), los *consumidores* a los que se dirige (porque los hábitos de compra, el número de clientes, su localización geográfica etc., se constituyen en aspectos claves en la selección del número y tipo de intermediarios) y el tipo de *producto* que comercializa (el precio, el tamaño, la estacionalidad, el tipo de servicios necesarios para facilitar la venta, etc., son todos ellos factores que estrechan el número de alternativas de elección).

7.4. LOS INTERMEDIARIOS DEL CANAL

7.4.1. El análisis de las fórmulas de distribución mayoristas

La venta al por mayor incluye aquellas actividades tendentes a adquirir bienes con objeto de revenderlos o utilizarlos en sus negocios. Se distinguen básicamente cuatro tipos: los mayoristas de servicio completo, los mayoristas de servicio limitado, los agentes y corredores y las sucursales y oficinas del fabricante.

Los **mayoristas de servicio completo** se caracterizan por asumir funciones tales como facilitar las entregas al detallista, conceder créditos facilitando el pago de la mercancía, desarrollar una labor de asesoramiento o almacenar los productos. En función de la industria en la que operan, se diferencia entre *mayoristas generales* o *distribuidores industriales*. Los primeros tienen como clientes a los detallistas, los segundos a los fabricantes, ofreciendo en ambos casos el servicio un surtido extenso. Los **mayoristas de servicio limitado** ofrecen, en cambio, tanto un número menor de servicios como de líneas de producto, y pueden ser: *mayoristas cash-and-carry, distribuidores en camión* o *cadenas cooperativas de productores*. Mientras que los primeros, que se ubican en grandes superficies, venden a los pequeños detallistas en efectivo ofreciendo un surtido amplio (Makro es un ejemplo), los segundos operan únicamente en algunas líneas de productos perecederos, fundamentalmente lácteos, pastelería, etc., desarrollando como principal ventaja competitiva la alta frecuencia de entrega de los productos, lo que permite al detallista comprar en efectivo pequeñas cantidades. Por último, las cadenas cooperativas de productores, las más extendidas, están formadas generalmente por propietarios agrícolas que, mediante esta forma de intermediación, distribuyen sus productos en ocasiones incluso dotando al producto de una marca concreta. En la Comunidad Valenciana, en el sector hortofrutícola, es una fórmula de distribución muy extendida; un ejemplo es ANECOOP, primera empresa española exportadora de frutas y verduras en volumen de ventas.

Las dos categorías anteriores asumen la propiedad del producto que distribuyen. Los **agentes**, sin embargo, actúan exclusivamente como intermediarios en el traslado de la propiedad de la mercancía, percibiendo a cambio una comisión. Los **representantes** son un ejemplo; como su nombre indica «representando» a la parte vendedora de un producto, operan generalmente en una zona geográfica definida. En cambio, los **corredores**, asumiendo funciones diferentes, actúan suministrando información relativa a precios de la competencia, situación del mercado, productos, etc., tanto a la parte vendedora como a la parte compradora.

Por último, la cuarta categoría analizada la constituyen las **sucursales y oficinas de fabricantes**. Estas se diferencian de las anteriores en que son formas de distribución al por mayor no independientes, propiedad del productor que, a través de las mismas posee un mayor control sobre el proceso de distribución, ofreciendo en ellas exclusivamente sus propios productos.

7.4.2.   El análisis de las fórmulas de distribución minoristas

La venta al por menor incluye aquellas actividades tendentes a adquirir bienes con el objeto de destinarlos a la venta a consumidores finales. Las fórmulas minoristas son negocios que representan el último eslabón del canal de distribución, y en los últimos años han experimentado transformaciones notables. Es por esto por lo que resulta interesante comprender distintas teorías que explican el por qué de la transformación gradual que experimentan las distintas formas de distribución minorista.

❐ Las teorías de la evolucion detallista

Desde hace más de medio siglo se viene desarrollando un esfuerzo doctrinal por parte de investigadores y científicos del marketing y de la distribución que tiene por objeto explicar la evolución que se produce en el sector distribución comercial. Es decir, por qué unas fórmulas comerciales desaparecen al quedar obsoletas, siendo sustituidas por otras nuevas. Desde entonces se han enunciado múltiples teorías, siendo las más extendidas las que se enmarcan en la explicación del fenómeno desde una orientación cíclica. La *teoría del acordeón detallista*, la *teoría del ciclo de vida del producto-establecimiento comercial* y la *teoría de la rueda de la distribución* son algunos ejemplos de los intentos por clarificar el cambio que experimentan las fórmulas comerciales. Estas teorías no se refieren a cada punto de venta, que también atraviesa su ciclo específico, sino que se refieren al tipo o a la técnica de distribución llamada generalmente «forma comercial», sea, por ejemplo, gran almacén, almacén popular, supermercado, tienda descuento, venta por correspondencia o un hipermercado.

La teoría del acordeón, en síntesis, expone la idea de que la transformación gradual que experimentan las fórmulas comerciales se explica a partir de un movimiento cíclico que oscila entre los extremos de generalidad-especialidad. En su fase inicial, una fórmula comercial se caracteriza por su amplitud de líneas de producto, todas ellas poco profundas. Con el tiempo la fórmula irá especializándose paulatinamente, aumentando la amplitud de surtido y estrechando el número de líneas de producto.

La teoría de la rueda de la distribución, partiendo de una óptica diferente, enfatiza en la dimensión coste de la distribución. La rueda se concibe como un continuo de tres fases: introducción, pujanza comercial y vulnerabilidad. Una forma de distribución detallista que inicia una actividad, según esta teoría, penetra en el mercado con precios muy bajos, con márgenes de operación recortados y costes comprimidos al máximo. Su objetivo inicial es atraer al mayor número de clientes. Con el tiempo la empresa obtiene cada vez beneficios más altos, hecho que atrae a un número de competidores creciente. La fórmula inicialmente «nueva» deja de serlo, haciéndose necesario diferenciarse de sus competidores y adquirir otras ventajas competitivas distintas al precio. Su objetivo ahora es fidelizar a los clientes. Se inicia la segunda etapa de la rueda, el período de la pujanza comercial, del crecimiento progresivo. Así los surtidos se amplían, el equipamiento comercial se mejora, el número de servicios se incrementa, el personal se forma... en definitiva, el servicio distribución comercial se dota de calidad. Todo ello conlleva un aumento del coste de la distribución y, consecuentemente, de los porcentajes de márgenes comerciales necesarios para cubrirlos, lo que implica un aumento en el precio de venta de los productos. La figura comercial ha cambiado su posicionamiento, siendo vulnerable a la aparición de nuevas fórmulas que, como ella en sus inicios, ofrecen precios muy bajos, poseen márgenes de operación recortados y costes comprimidos al máximo, reanudándose la rueda para estas últimas.

La última aproximación es expuesta como una extensión de la conceptualización de ciclo de vida del producto, intentando una explicación de la evolución detallista descriptiva a partir de las tasas de crecimiento de su cuota de mercado. La teoría del ciclo de vida del comercio detallista considera que el establecimiento comercial, en tanto que producto, es susceptible del mismo proceso de desarrollo y, consecuentemente, susceptible de aplicársele la noción de curva de vida: innovación, desarrollo acelerado, madurez y declive, correspondiendo a cada etapa un estilo de dirección y unas características del mercado distintas. Cuando un «producto-tienda» entra en un mercado en el que existen pocos competidores, con una ventaja competitiva, si la respuesta de los consumidores es positiva, se encuentra en una situación de ventas crecientes. Afianzado en el mercado, su volumen de negocio, su rentabilidad y su cuota de mercado irán en aumento, siendo positiva la tasa de crecimiento de su participación de mercado. Pero su éxito atraerá a un número creciente de competidores, que se desarrollarán por imitación, llegando el establecimiento comercial entonces a la madurez del ciclo. El crecimiento de la cifra de ventas se desactiva, y la tasa de crecimiento de su participación en el mercado, que hasta entonces era positiva, llega a un valor cero. Cuando aparece un punto de inflexión en dicha tasa y comienza la recesión, se dice que la fórmula comercial ha llegado a su fase de declive.

❏ Las distintas fórmulas de distribución minorista

Existen distintos criterios de clasificación de las formas de distribución detallista de un producto mediante establecimiento. Las fórmulas comerciales se pueden agrupar, siguiendo a Cruz Roche (1990), por el tipo de surtido que ofrecen (amplio o estrecho), por su localización o por su forma de propiedad.

a) *Tipo de surtido*

Los establecimientos comerciales se diferencian entre sí por la amplitud y profundidad en sus líneas de producto. De mayor a menor gama tenemos: el gran almacén, el almacén popular, la tienda de descuento y la tienda especializada.

El **gran almacén** es una de la fórmulas de distribución minorista más antiguas. Se caracteriza esta forma de distribución por una gran superficie de ventas, más de 2.500 m², divididos en múltiples departamentos y secciones. Desde su aparición, a mediados del siglo XIX (1852) en Francia, la sofisticación de esta fórmula comercial no ha dejado de incrementarse. Se ha producido un aumento gradual de la longitud de surtido, que le lleva hoy a definirse como una fórmula con un surtido amplio y profundo. Además, las localizaciones son cada vez más costosas, ya que su ubicación es habitualmente en el centro de la ciudad. Es también una de las fórmulas que ofrece el servicio más extenso al cliente: atención personalizada, entrega a domicilio, existencia de tarjeta propia de distribuidor, crédito, posibilidad de devolución del producto, etc., desarrollando una estrategia de servicio incluido (el coste de todos los servicios se incluye en el precio de venta, siendo asumido por todos los clientes del establecimiento, tanto quienes lo utilizan como quienes no lo utilizan). En España, El Corte Inglés y Galerías son dos ejemplos de esta forma de distribución minorista.

Esta fórmula comercial estaría en fase de declive en la mayor parte de los países desarrollados de la Unión Europea y sólo en Gran Bretaña y España estaría en etapa de madurez.

En España, a pesar de no alcanzar la importancia numérica que tiene la fórmula en otros países europeos, los grandes almacenes se sitúan entre las primeras empresas del sector, con una buena resistencia a las nuevas fórmulas comerciales y aún con una amplia clientela en los centros de las ciudades, aunque en los últimos años no se hayan producido nuevas aperturas (véase Figura 7.3).

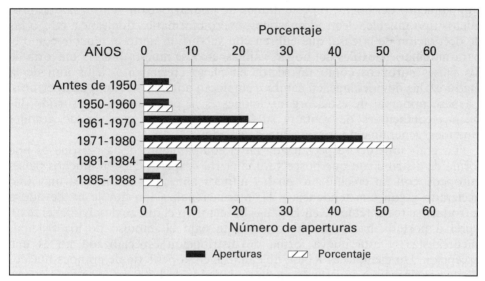

Figura 7.3. Evolución de las aperturas de los grandes almacenes en España.
(Fuente: *Centros comerciales y mercados minoristas.* Dirección General de Comercio Interior. Ministerio de Economía y Hacienda. Col. Estudios, n.º 41.)

En la mayoría de los países europeos la fórmula sustituta, el **almacén popular**, en el momento de su aparición da inicio a una nueva «rotación» y, consecuentemente, a una mutación. Su superficie de ventas es inferior a los 2.500 m² y se caracteriza por un posicionamiento basado en un precio inferior al ofrecido por el gran almacén y una longitud de surtido también menor, desarrollando una estrategia de opción a servicio (el cliente que solicita el servicio asume sin estar éste incluido en el precio de venta del producto). Sin embargo, desde su aparición, sus localizaciones se han extendido, han creado marcas propias de distribución, sus servicios se han multiplicado... llevándoles a incrementar sus gastos totales y, consecuentemente, sus márgenes comerciales. Ejemplos de almacenes populares son Simago y Marks & Spencer, este último recientemente introducido en España.

Cuando el establecimiento se centra en un número de líneas de producto limitado, pero presenta una gran profundidad en dichas líneas, éste adquiere la característica de especializado. Dentro de esta categoría encontramos desde el pequeño comercio especializado, denominado **tradicional,** hasta la fórmula más recientemente introducida en España, la **gran superficie especializada.** Esta última es en estos momentos la fórmula de distribución con mayores posibilidades de desarrollo y, dependiendo del sector que se considere, conoce una mayor o menor penetración de mercado. Basándose en el surtido que ofrecen, estas grandes superficies se especializan en productos relacionados con el equipamiento de la persona, el equipamiento del hogar, el ocio (música, libros, juguetes, deporte,...), el bricolage y la jardinería. Así, mientras que las de equipamiento del hogar, representantes de la distribución «en masa» de productos tipo mueble, electrodomésticos, microinformática doméstica, etc., o las de decoración de la casa, que cubren con su surtido tanto el mueble como el para-mobiliario (textiles del hogar, vajillas, etc.), se muestran en la mayoría de los países europeos como un sector en pleno crecimiento, lejos aún de la madurez, las de bricolage, en cambio, empiezan a frenar su ritmo de aperturas. La base principal de estas organizaciones es la profundidad del surtido, las buenas condiciones de venta y su localización en la periferia de grandes ciudades, generalmente junto a hipermercados.

La gran superficie especializada en el equipamiento de la persona es una forma de distribución que posee ya una cierta «experiencia» en muchos países europeos, con un crecimiento en los últimos años que continúa a un ritmo acelerado y con una tendencia a la internacionalización que le ha llevado a introducirse recientemente en España. El sector en el que se desarrolla, el textil «prêt à porter», ha estado históricamente bajo el impulso de los sistemas sucursalistas, y esta nueva forma de distribución especializada no es una excepción. Un ejemplo es Kiabi; ubicándose en la periferia de grandes núcleos poblacionales y con superficies medias alrededor de 1.500 m^2, esta gran superficie especializada en equipamiento de la persona se posiciona en el mercado con «moda a pequeños precios».

En el sector de equipamiento del hogar se han desarrollado grandes superficies especializadas que incorporan artículos de mobiliario y decoración, como Habitat e Ikea, e incluso, adicionalmente, la línea de productos de Hi-Fi, como Conforama. Estas fórmulas comerciales continúan su dinamismo tanto en el número de aperturas como en el incesante aumento de su cuota de mercado, y son nuevos conceptos de puntos de venta que se «exportan» directamente o bajo la forma de franquicia, reproduciendo el concepto de forma idéntica con escasa adaptación al nuevo mercado.

Las grandes superficies especializadas en ocio tanto dirigidas al público preferentemente infantil, (Toys 'r' Us, especialista en juguetes), como adulto (Crisol, Fnac y Virgin Megastore, especialistas en amplia gama de música, vídeo, libros...) se encuentran también en fase de introducción en el mercado español. Orientadas a un precio bajo pero sin renunciar al servicio (garantías, surtido, consejo en el modo de utilización, crédito, etc.), están llamadas a alcanzar importantes cuotas de mercado.

Las grandes superficies de bricolage, con superficies medias algo inferiores a las de resto de Europa (aproximadamente 5.000 m^2), son las que primero se implantan en España y, consecuentemente, las que han atraído un mayor número de enseñas, tales como Texas Hiperhogar, Aki o L&M (Leroy-Merlín).

Respecto a las fórmulas de distribución minorista con predominio de alimentación, se distinguen tradicionalmente: el hipermercado, el supermercado, el superservicio y el autoservicio. Aunque también en los últimos años se añaden la tienda de conveniencia y la tienda de descuento.

El **hipermercado** es una gran superficie especializada en alimentación con superficies de venta de más de 2.500 m^2, ubicada preferentemente en la periferia de las grandes ciudades (Alcampo, Pryca o Continente son algunos ejemplos) y ofrece como puntos fuertes en su estrategia de servicio la amplitud de horarios y la posibilidad de estacionamiento gratuito, incorporando productos con marcas propias, los llamados de marca blanca. En la evolución de esta fórmula comercial se observa una tendencia a la ampliación de los surtidos y a una mayor oferta de servicios, integrando los sectores tradicionales del comercio especializado y dirigiéndose cada vez más al mercado textil.

Cuadro 7.1. Evolución de las características de los hipermercados
en España (venta en millones de pesetas)
(Fuente: Nielsen)

	1987	1988	1990	1991
Ventas	4.613	5.686	6.954	7.656
Superficie	6.283	6.078	6.462	6.825
Cajas salida	21,6	31,8	33,8	36,6
Personal	171	182,3	206,8	219
Ventas/m^2	734,1	935,1	1.076,1	1.121,8
Ventas/caja	145.980	178.805	205.739	209.180
Ventas/empleado	26.976	31.190	33.099	34.959

En cuanto al **supermercado,** se dedica a la misma actividad, pero ciñéndose a la venta de alimentación, droguería y perfumería, prescindiendo de secciones como bazar o electrodomésticos de línea marrón o blanca y localizándose dentro de núcleos poblacionales (Mercadona, Caprabo...). Su superficie de venta oscila entre los 400 y 2.500 m^2, siendo un modo de distribución que en España se ha adaptado muy bien. Es la fórmula que ha experimentado los desarrollos más rápidos en los últimos años, contribuyendo en gran parte a la renovación del «aparato comercial», sobre todo en lo que se refiere a los supermercados pequeños según la clasificación de Nielsen. En cambio, el **superservicio** y el **autoservicio**, con una superficie de venta inferior (hasta 400 m^2 el primero y menos de 150 m^2 el segundo), son fórmulas que en algunos casos prescinden de la alimentación perecedera, y en los últimos años empiezan a alcanzar cuotas de mercado en descenso.

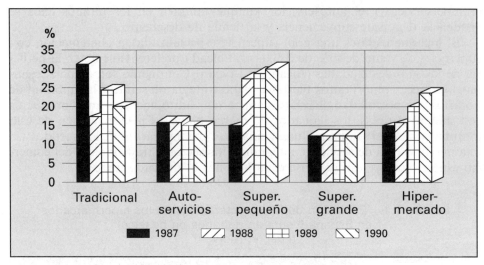

Figura 7.4. Evolución de la cuota de mercado de las fórmulas
con predominio de alimentación en España.
(Fuente: Nielsen)

La **tienda de conveniencia** ha conocido un crecimiento espectacular, con una fase de introducción en el mercado muy rápida y ya en plena fase de desarrollo acelerado. Con un tamaño medio, entre 100 y 350 m^2, con buenos emplazamientos, en la mayoría de los casos reconvirtiendo tiendas de barrio no especializadas, con un surtido muy diverso, alimentación no perecedera, tabaco, prensa, fotos, etc., y con un servicio de horario comercial ampliado (incluyendo apertura nocturna y dominical), se le augura a esta fórmula un futuro todavía más prometedor (7-Eleven, Vips).

Por último, la **tienda de descuento** sería la fórmula de distribución que en alimentación asume la participación de mercado perdida por los superservicios y autoservicios. Con un surtido estrecho y poco profundo tanto en alimentación como en droguería y perfumería, introduciendo marcas propias del distribuidor, con instalaciones modestas y sin apenas servicios, pueden competir basándose en un precio bajo. Ejemplos de empresas que operan bajo esta fórmula son Charter y Día.

b) *Localización*

Los establecimientos comerciales pueden desarrollarse junto a otros, en emplazamientos únicos formando un conjunto homogéneo. Es el caso de las galerías comerciales, los centros comerciales y los mercados de abastos.

Un **centro comercial** es un conjunto de establecimientos comerciales que son gestionados por comerciantes independientes y que se agrupan desarrollando servicios comunes bajo un concepto único, ampliando la oferta comercial. En todo centro comercial existe un establecimiento que se constituye por su poder de atracción en «locomotora del centro». Generalmente es un hipermercado o un gran almacén, siendo una tendencia actual potenciar el ocio ofreciendo actividades lúdicas que se constituyen también como factores de atracción (cines, zonas de recreo infantil, parques acuáticos, etc.). Nuevo Centro, uno de los primeros centros comerciales de España, en Valencia, o La Vaguada, en Madrid, son algunos ejemplos. Cuando el número de establecimientos comerciales independientes no es muy elevado, el conjunto se denomina **galería comercial,** su localización es el centro de la ciudad y la actividad de venta se centra fundamentalmente en el textil y complementos (La Galería Jorge Juan en Valencia o Boulevard Rosa en Barcelona son dos ejemplos).

Por último, los **mercados de abastos** tienen en algunas Comunidades Autónomas española una gran tradición. Se localizan en emplazamientos privilegiados y concentran su oferta comercial en la venta de alimentación, principalmente en perecederos (carnes, pescado, frutas y verduras). Esta fórmula también se encuentra en proceso de renovación, dirigiéndose cada vez más a incrementar su oferta comercial con la inclusión de nuevos servicios asumidos conjuntamente por todos los propietarios, como diseños de sistemas de entrega a domicilio, facilidades de aparcamiento o la puesta a punto de una tarjeta de compra del distribuidor.

c) *Propiedad*

Partiendo del nexo que se desarrolla entre las empresas, éstas pueden clasificarse en: independientes o con algún vínculo entre sí. Las primeras son todavía hoy la mayoría del comercio minorista; las últimas, a su vez, pueden ser: cadenas voluntarias, cooperativas de detallistas, cooperativas de consumidores, franquicia, cadenas integradas o sucursalistas.

Las **cadenas voluntarias** se forman mediante la asociación de un grupo de detallistas que conservan su independencia pero actúan bajo una misma enseña, obteniendo ventajas, principalmente, en los precios de los productos al poder gestionar la compra conjuntamente, siendo la forma de vinculación más débil. Ifa, por ejemplo, es una cadena de este tipo que opera en el sector de distribución de alimentación en general.

Las **cooperativas de detallistas** exigen un nivel de compromiso mayor, y están formadas por minoristas que desarrollan la misma actividad y que se asocian para obtener ventajas, principalmente en el aprovisionamiento de los productos y en su gestión, pudiendo de esta forma resultar más competitivas en precio. Los cooperativistas, como miembros de la organización, obtienen un beneficio en función de las compras que realizan, y adicionalmente pueden acceder a un conjunto de servicios comunes. La cadena CIP de droguería y perfumería, por ejemplo.

Cuando son los consumidores los que se organizan para comprar y vender productos de consumo en beneficio de sus miembros, integrándose en la misma fórmula, lo que se forma es una **cooperativa de consumidores.** Un ejemplo es el grupo Eroski-Consum que actúa bajo las fórmulas tanto de hipermercado como de supermercado.

La **franquicia** es la forma de asociación que ha experimentado en España el mayor desarrollo en los últimos tiempos. En la franquicia se establece un vínculo contractual, un sistema de colaboración económica continuada, mediante el cual una de las dos partes jurídicamente independiente el *franquiciador* (un fabricante, un mayorista o una empresa de servicios, titular de una marca y poseedor de unos bienes originales) cede su «saber hacer» (la forma de utilización de un conjunto de técnicas uniformes y experimentadas, de rentabilidad probada) sobre un determinado tipo de empresa, junto con los derechos a comercializar y explotar dichos productos o servicios, a la otra parte el *franquiciado*. A cambio, este último debe aportar alguno(s) de los siguientes elementos: una tasa inicial (canon de entrada), un porcentaje sobre las ventas realizadas brutas, una parte del beneficio obtenido en la explotación del negocio y/o una cuantía constante aceptada.

Existen distintos tipos de franquicia: *de producción*, en la que el franquiciador es el fabricante de los productos que se distribuyen a través de la franquicia y propietario de la marca (Coca-Cola es un ejemplo); *de servicio*, en la que el aspecto fundamental es la transmisión del saber hacer y de la tecnología que permita la entrega correcta del servicio, por ejemplo, Holiday Inn, en el sector hotelero, es un tipo de franquicia de estas características; *de distribución*, en la que el franquiciador actúa como un intermediario mayorista seleccionando productos para formar un surtido de determinadas características que distribuye a través de puntos de venta franquiciados homogéneos (Spar, en el sector alimentación, es un ejemplo); *financiera*, en la que el franquiciado es únicamente el inversor, poniendo al frente de la gestión de la franquicia a una tercera persona; es un tipo de franquicia que se da fundamentalmente en sectores en los que se requieren altas inversiones como hostelería, por ejemplo, podemos citar McDonald's como franquicia de este tipo.

Por último, las **cadenas sucursalistas** son una forma de integración de establecimientos con una única forma de gestión, una única marca de actividad y una única propiedad, con políticas de aprovisionamiento, precios, promociones, etc., coordinadas. Dentro de este tipo de organizaciones aparecen grandes almacenes (El Corte Inglés), supermercados (Mercadona), almacenes populares (Simago), etc.

El conjunto de las fórmulas comerciales anteriores, representativas del comercio detallista desarrollado a través de un establecimiento comercial, realizan la mayor parte de las ventas de la totalidad de artículos consumibles. Sin embargo, ese porcentaje tiende claramente a disminuir a medida que otras técnicas de comercialización se consolidan. El fenómeno de la **Venta Por Catálogo (VPC)** es un ejemplo. En España es una forma de venta aún en fase de lanzamiento y con un fuerte potencial de desarrollo.

En los países en los que la VPC se encuentra en maduración (Alemania) o en el final de la etapa de crecimiento acelerado (Gran Bretaña y Francia), se observa una tendencia hacia la diversificación. Después de haberse desarrollado tradicionalmente en sectores como el textil (50 por 100 de las ventas) y ante los cambios de estrategia que experimentan los hipermercados y los grandes almacenes, anteriormente señalados, hacia la integración del textil los primeros, hacia la especialización en el textil los segundos, la VPC empieza a abordar nuevos mercados, esperándose futuros desarrollos en servicios y parafarmacia. En España, se espera en esta actividad idéntica tendencia.

7.5. LA DISTRIBUCION FISICA

El conjunto de actividades que permiten el flujo físico de la mercancía en las distintas etapas de un canal de distribución reciben el nombre de *distribución física o logística*. La logística incluye desde la selección de localización, número y tamaño de los almacenes hasta el transporte de la mercancía, pasando por, entre otras, el control de inventarios, el procesamiento de pedidos y el manejo de los materiales.

El *almacenamiento de los productos* es necesario en todos los niveles del canal, ya que la cantidad demandada por un cliente de un miembro de un canal no es habitualmente coincidente con la cantidad ofertada por el proveedor del mismo intermediario, ni tampoco lo es el momento del pedido del cliente con el momento de la entrega del proveedor. El *control de inventarios es* otra actividad logística fundamental, y se encarga de gestionar las entradas y salidas de mercancías de forma que se impidan las rupturas de stocks. El control de inventarios determina el momento del tiempo en que es necesario lanzar un pedido de mercancía al proveedor, calculando el horizonte temporal que debe transcurrir hasta que se produce la recepción del pedido sin desatender las peticiones de los clientes. El *procesamiento de pedidos* es una función más mecanizada y, generalmente, es desarrollada con soporte informático, ciñéndose esta tarea a gestionar la entrega de productos a los clientes determinando el tipo de cliente, desarrollar la búsqueda de la localización del almacén que le da el servicio más rápido, expedir la factura correspondiente y, una vez el producto sale hacia su destino, ordenar el reaprovisionamiento de la mercancía vendida. Por último, el *manejo de materiales*, tanto en la fábrica como en el almacén, es otra actividad necesaria y en la que la tecnología desarrolla una función principal.

CONCEPTOS CLAVE

Función básica de la distribución comercial. La función básica es la de trasladar el producto desde un punto origen (por ejemplo, la producción) hasta un destino (por ejemplo, el consumidor final).
Canal de distribución. El canal de distribución representa el camino que el fabricante sigue para hacer llegar su producto al consumidor final, y puede estar constituido por ninguna, una o múltiples etapas, formando lo que se denomina canal ultracorto, corto, largo o muy largo.
Sector distribución comercial. Es un sector de la economía que se enmarca en el sector terciario, formado por las empresas que desarrollan la actividad de distribuir bienes, siendo los intermediarios entre la producción y el consumo.

Tipos de políticas de distribución que puede adoptar el fabricante en función del número de detallistas que distribuyan su producto. Son tres, y, de mayor a menor número de puntos de venta y grado de exigencia en cuanto a la posibilidad de distribuir otras marcas en el mismo establecimiento comercial, son: *intensiva, selectiva* y *exclusiva.*

Teorías que explican la evolución de las fórmulas comerciales a lo largo de un horizonte temporal. Son básicamente tres, y se explican todas ellas desde una visión cíclica: la *teoría del acordeón detallista,* la *teoría del ciclo de vida del producto establecimiento comercial* y la *teoría de la rueda de la distribución detallista.*

Franquicia. Es un sistema de colaboración económica continuada derivada de un vínculo contractual, mediante el cual una de las dos partes jurídicamente independiente, el *franquiciador,* cede su «saber hacer» sobre un determinado tipo de empresa, junto con los derechos a comercializar y explotar dichos productos o servicios a la otra parte, el *franquiciado,* que a cambio debe aportar: una tasa inicial (canon de entrada), un porcentaje sobre las ventas realizadas brutas, una parte del beneficio obtenido en la explotación del negocio y/o una cuantía constante aceptada.

Logística. Es el conjunto de actividades que permiten el flujo físico de la mercancía en las distintas etapas de un canal de distribución. También se denomina *distribución física,* e incluye actividades relativas a los almacenes (dónde localizarlos, cuántos y de qué tamaño), el control de inventarios, el procesamiento de pedidos y el manejo de los materiales.

CUESTIONES DE ANALISIS

1. ¿Cuál sería la diferencia entre el canal de distribución de un producto como, por ejemplo, el calzado y otro producto de alimentación perecedero como, por ejemplo, las naranjas?
2. ¿Cree que existen diferencias entre la distribución del pan, los electrodomésticos y una marca de ropa de prestigio, en función del número de detallistas que cubren un determinado mercado?
3. ¿Cómo se representaría el ciclo de vida de la distribución comercial minorista de venta de alimentación en general en España?
4. Investigue las características de una franquicia como McDonald's y compárelas con las de una franquicia como Benetton.
5. Hemos señalado que la fórmula de Venta Por Catálogo se encuentra en España en fase de introducción en el mercado. ¿Conoce usted alguna empresa que utilice esta forma de comercialización? Respecto a una empresa que actúe en el mismo sector de actividad, pero distribuyendo sus productos mediante establecimiento comercial, ¿sería capaz de analizar sus puntos débiles y sus puntos fuertes?
6. Describa la función logística de un supermercado.

LECTURAS RECOMENDADAS

KAIKATI, JACK G. (1986). «No hay que subestimar a los minoristas off-price». *Harvard-Deusto Business Review.* 1.er trimestre, págs. 69-78.

REBOLLO, ALFONSO (1993). «Geografía Comercial de España. Distribución Regional del Mercado Minorista». *Distribución y Consumo,* n.º 13, págs. 10-33.

CAPITULO 8

La comunicación comercial

8.1. EL PROCESO DE COMUNICACION EN EL MARKETING

La comunicación[1], tal y como señalábamos en el Capítulo 1, es una de las variables del marketing mix integrada por un conjunto de herramientas de comunicación masiva: publicidad, promoción de ventas, relaciones públicas y otras, o personal: ventas. El papel de todas ellas es el de comunicar a individuos, grupos u organizaciones, mediante la información o la persuasión, una oferta que directa o indirectamente satisfaga la relación de intercambio entre oferentes y demandantes.

Así, por ejemplo, Volvo comunica en su publicidad la idea de seguridad (*Volvo, Respuesta segura*), que podrá dar lugar a la satisfacción de un consumidor y, directa o indirectamente, a una compra. Resulta evidente que esa compra no depende exclusivamente de que Volvo comunique seguridad, sino que otras variables, propias de la oferta Volvo, como el precio, los concesionarios, las promociones de venta, las características del automóvil y su equipamiento influirán también en la decisión de compra, además de la oferta de los competidores.

En consecuencia, puede deducirse que la comunicación contribuye, junto con el resto de variables del marketing mix, a alcanzar los objetivos de marketing, pero éstos no podrán alcanzarse con una comunicación descoordinada o autónoma respecto del resto.

La comunicación es un proceso compuesto por un conjunto de elementos que, tal y como aparecen en la Figura 8.1, nos permiten explicar la función de la publicidad y del resto de herramientas de la comunicación comercial. Dicho proceso se compone de los siguientes elementos:

---

[1] La comunicación se emplea como sinónimo de promoción, y resulta equivalente al término anglosajón *promotion*.

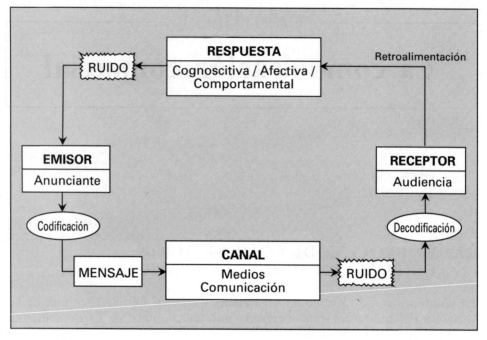

Figura 8.1. El proceso de comunicación aplicado a publicidad.
(Fuente: Elaboración propia)

- *Emisor:* Es la fuente de la comunicación. En publicidad se denomina anunciante. Determina, junto con una agencia de publicidad, la comunicación y paga un precio al propietario del canal por su difusión. En ventas, se denomina vendedor.
- *Codificación:* Definición de los símbolos (palabras, sonidos, colores, imágenes, etc.) a utilizar para transmitir un mensaje.
- *Mensaje:* Informativo o persuasivo, se orienta a la consecución de unos objetivos de comunicación.
- *Canales:* Medios de comunicación.
- *Ruido:* Distorsiones que se producen en el proceso de comunicación.
- *Decodificación:* Interpretación por el receptor de los símbolos utilizados por el emisor.
- *Receptor:* Generalmente es un público masivo, heterogéneo y anónimo, al que se dirige la empresa. En ventas, estas características son las contrarias.
- *Respuesta:* Podrá ser o no la buscada por el emisor, y responde a estos tres tipos: cognoscitiva, afectiva y comportamental.
- *Retroalimentación:* Evaluación de la respuesta del receptor mediante investigación de mercados.

La comunicación efectiva entre emisor y receptor vendrá determinada por diversas condiciones de cada uno de los elementos integrantes. En particular, el emisor comunica con mayor efectividad si posee credibilidad, experiencia o atractivo, mientras que en el receptor dependerá de su atención, distorsión perceptiva y nivel de recuerdo.

Las diferentes herramientas de la comunicación comercial componen lo que se denomina el mix de comunicación. Dentro de él destacan las siguientes[2]:

Publicidad es *aquella forma pagada y no personal de presentación y promoción de ideas, bienes y servicios por cuenta de alguien identificado.*

Cuando se trata de ideas políticas se suele denominar propaganda. Para Aaker y Myers (1989) es «*un medio de comunicación masiva que involucra a un responsable, anunciante, que normalmente contrata a una organización de medios para que transmita un anuncio generalmente creado por una agencia*».

«Publicity». «*Difusión o presentación no pagada por el anunciante de informaciones en medios relativos a un producto o servicio*».

Promoción de ventas. «*Incentivos a corto plazo dirigidos a compradores, vendedores, distribuidores y prescriptores para estimular la compra*».

Ventas. «*Comunicación personal con uno o varios potenciales clientes con el fin de conseguir la compra*».

Relaciones públicas. «*Acciones dirigidas a mejorar, mantener o proteger la imagen de un producto o empresa*».

Patrocinio. «*Entrega de dinero u otros bienes a una actividad o evento que permite la explotación comercial de los mismos a diversos niveles*».

Ferias y exposiciones. «*Presentación, y en ocasiones venta, periódica y de corta duración de productos de un sector a intermediarios y prescriptores*».

A continuación nos referiremos a cada una de las variables del mix de comunicación. No obstante, en el Cuadro 8.1. pueden verse las diferencias más significativas entre comunicación personal y comunicación masiva.

Los elementos de la comunicación pueden emplearse conjuntamente para obtener sinergias, y su combinación dependerá del tipo de producto —consumo *versus* industriales—, segmento al que nos dirigimos —masivo *versus* minoritario—, objetivo de la campaña de comunicación —conocimiento *versus* compra— y la comunicación utilizada por la competencia. La utilización de dichos elementos tiene sentido como una variable del marketing que debe concebirse coordinadamente con el resto de variables que componen el marketing mix y en dependencia de unos objetivos de marketing.

---

[2] Definiciones tomadas de la American Marketing Association (1960) y otros.

Cuadro 8.1. Diferencias entre comunicación personal y masiva

(Fuente: Adaptado de Darmon, R. Y.; Laroche, M., y Petrof, J. V.: *Le marketing: fondements et applications*, Montreal, McGraw-Hill, 1978, págs. 291).

Elementos del proceso de comunicación	Comunicación personal	Comunicación masiva
EMISOR	• Conocimiento directo del interlocutor.	• Conocimiento del perfil medio a quien se dirige.
MENSAJE	• Mensaje adaptable. • Numerosos argumentos. • Forma y contenido incontrolable.	• Mensaje uniforme. • Pocos argumentos. • Forma y contenido controlable.
CANAL	• Contactos humanos personalizados. • Pocos contactos por unidad de tiempo.	• Contactos no personalizados. • Numerosos contactos en poco tiempo.
RECEPTOR	• Débil inclinación a un error de código. • Atención fácilmente captada.	• Gran inclinación a un error de código. • Atención difícilmente captada.
RESPUESTA	• Posible respuesta inmediata.	• Respuesta inmediata imposible.

8.2. LA PUBLICIDAD

La publicidad constituye una de las principales fuentes de información para el consumidor en la evaluación de marcas para la compra y de influencia en cuanto a estilos de vida. Buena prueba de su importancia es que en España se invirtieron, en 1993, 539.098 millones de pesetas de publicidad en medios masivos, y sólo en el medio televisión se emitieron más de 770.000 anuncios, si bien no todos ellos diferentes (Nielsen/Repress, 1994).

La elaboración de una campaña de publicidad, tal y como se muestra en la Figura 8.2, incluye una serie de decisiones básicas: objetivos, mensaje, difusión y presupuesto, y otras derivadas: selección de la agencia y evaluación de la eficacia. Tal y como hemos señalado con anterioridad, la comunicación no puede actuar de manera autónoma respecto al conjunto del marketing. En este sentido, previamente a la toma de decisiones acerca de los elementos de la campaña, deben analizarse los siguientes aspectos:

- *Análisis interno:* Características del producto, puntos fuertes y débiles y análisis de las variables del marketing mix.

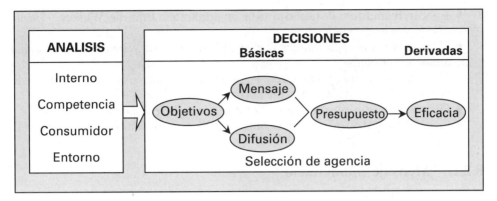

Figura 8.2. Elaboración de la campaña publicitaria.

- *Análisis de la competencia:* Determinación de ventajas competitivas, inversiones publicitarias de otras marcas y similares.
- *Análisis del consumidor:* Conocimiento e imagen de marca, actitudes y perfil de los consumidores, hábitos de audiencia en los medios e informaciones procedentes de estudios de mercado.
- *Análisis del entorno:* Legislación publicitaria, tendencias sociales y otros.

8.2.1.   Objetivos publicitarios

El objetivo final de la publicidad es, generalmente, conseguir ventas; sin embargo, no es posible afirmar rotundamente que la publicidad por sí sola sea capaz de mantener las ventas. Es más bien una variable que contribuye a su crecimiento junto con el resto de variables del marketing mix. En efecto, la venta de un producto o servicio depende de la oferta comercial propia (precio, distribución, vendedores, etc.), la oferta comercial de la competencia, el consumidor, y factores del entorno. Resulta, pues, complejo medir adecuadamente la influencia de una variable como la publicitaria en las ventas de una marca cuando, además, los efectos publicitarios no se manifiestan sólo en el corto plazo, o bien suponen una modificación de la actitud o de la imagen pero que no se traduce en una compra inmediata.

La mayoría de los autores consideran los objetivos publicitarios ligados a su carácter comunicacional, y los establecen en términos de comunicación de un mensaje que estimule en el receptor una respuesta relativa al conocimiento, actitudes o comportamiento. Veamos algunos tipos básicos de objetivos y ejemplos de eslogans orientados a ellos:

- ◆ Dar a conocer una marca. Toyota: *«Nuevo Toyota Carina E».*
- ◆ Aumentar la notoriedad de marca: Spot televisivo de Kas.
- ◆ Comunicar las características de la marca: TWA, *«Un 50% más de espacio para las piernas sin coste adicional».*

♦ Evocar recuerdos, la fantasía o la imaginación: Johnnie Walker, *«Desde que la noche es noche».*

♦ Crear o fortalecer la imagen y el posicionamiento: Winston, *«El Genuino Sabor Americano».*

♦ Cambiar o reforzar actitudes: Fundación Purina. *«No lo abandones. El nunca lo haría»* (referido a un perro).

♦ Generar un comportamiento: Dunia, *«Suscríbete a Dunia».*

♦ Genérica o corporativa: 3M, *«Innovación... más de 60.000 productos que el mundo difícilmente olvidará».*

8.2.2. Mensaje publicitario

El mensaje publicitario incluye el conjunto de textos, imágenes, sonidos y símbolos que transmiten una idea. Su finalidad es captar la atención del receptor, comunicar efectivamente esa idea que responda al objetivo publicitario y recordarla asociada a una marca.

La creatividad publicitaria comprende la generación de la idea base del mensaje, ejecución o presentación y producción de un mensaje. La *generación de la idea base* o eje del mensaje vendrá determinada por el objetivo publicitario de la campaña, y partiendo de él puede adoptarse una estrategia informativa o persuasiva y los siguientes tipos de mensajes publicitarios:

• *Mensajes informativos*

♦ Genérico: No se diferencia a una marca del resto: Flor de Esgueva. *«El Gran Queso de Oveja».*

♦ Apropiador: Asociación de la característica del producto a la marca: *«Ariel es blancura».*

♦ Proposición única de venta: Característica o beneficio exclusivo de una marca: *«Escort, el único de su categoría con* airbag *de serie».*

♦ Preeminente: Se presenta una marca como superior: Toshiba, *«N.º 1 en portátiles».*

♦ Innovación: Comunica una nueva categoría o innovación de producto: Chamburcy, *«Doble Delicia»* (yogur y melocotón en compartimentos separados).

♦ Comparativo: Referencia explícita a la competencia: Peter Stuyuesant: *«Descubre el más light»* (compara la nicotina y el alquitrán de diversas marcas).

• *Mensajes persuasivos*

♦ Sensual: Marruecos, *«El Reino de los Sentidos».*

♦ Emotivo: Danone, *«Aprende de tus hijos».*

♦ De estima y autorrealización: Renault 21, *«No seas modesto».*

La *ejecución del mensaje* incluye la toma de decisiones acerca del estilo, tono y formato publicitario. El estilo publicitario hace referencia al enfoque de comunicación utilizado para comunicar la idea base. Los estilos publicitarios más comunes son los siguientes: narración de una historia, problema-solución o usos, testimonial, demostración, comparación, escenas de la vida, estilos de vida, efectos especiales y fantasía. El tono utilizado en publicidad puede ser humorístico, imperativo, nostálgico, dramático, de suspense o interrogativo. El tamaño, color e ilustraciones conforman el formato publicitario, cuya evaluación debe realizarse en base al coste y a la eficacia. En ocasiones se identifica erróneamente el mensaje con el eslogan, cuando este último no es más que el resumen o titular del anuncio.

La *producción* se desarrolla generalmente por imprentas o productoras, y comprende un gran número de proveedores externos a la propia agencia. En los anuncios gráficos las decisiones abarcan desde la tipografía, maquetación e impresión, mientras que en los anuncios audiovisuales incluye la grabación, sonorización y montaje.

8.2.3. Difusión

La difusión publicitaria comprende la elección de los medios (diarios, televisión, revistas, radio y otros) y la planificación de soportes publicitarios (*El País-Marca*, TVE1-Tele5) más adecuados para hacer llegar el mensaje al receptor o público objetivo al menor coste posible. En el Cuadro 8.2 puede verse un resumen de las características de cada medio.

Los criterios de decisión tanto de medios como de soportes pueden ser cualitativos o cuantitativos. En los primeros incluyen el formato, penetración, credibilidad y características cualitativas de los medios, entre otros. Los factores cuantitativos hacen referencia a la audiencia y al coste.

La medición de la audiencia de medios y soportes se realiza en nuestro país a través de diversos estudios, como el Estudio General de Medios (E.G.M.) y el panel de audímetros de Sofres. El E.G.M. es un estudio multimedia, pues cubre televisión, radio, prensa, revistas, dominicales y cine; está realizado por la Asociación para la Investigación de Medios de Comunicación, que integra a medios, agencias y anunciantes. Realiza 44.000 entrevistas personales por año en tres oleadas a los individuos mayores de 14 años, y ofrece información de audiencia de medios y soportes segmentada por variables sociodemográficas, por compra de productos y equipamiento del hogar y por estilos de vida. En la Tabla 8.1 se ofrecen algunos datos de audiencia procedentes del E.G.M. El panel de audímetros de Sofres ofrece sólo datos de audiencia de televisión a través de 2.500 audímetros instalados en hogares que corresponden a 8.400 individuos de 4 y más años. El audímetro ofrece la audiencia tanto de programas como de anuncios al día siguiente de su emisión cruzada por variables sociodemográficas y por posesión de bienes.

Para seleccionar un medio o soporte debe utilizarse la audiencia útil, es decir, aquella parte de la audiencia que coincide con la población objetivo a la que se dirige un mensaje. Tal y como puede verse en la Tabla 8.1, la audiencia de *Hola* es de 2.730.000 individuos, mientras que si la población objetivo fuese masculina, la audiencia útil sería de 797.160.

Cuadro 8.2. Características de los medios e inversión publicitaria

Medios	Ventajas	Inconvenientes	Inversión publicitaria		
			Años	Absolutos (miles Mill.)	% Partic. (1)
Diarios	• Selectividad geográfica. • Flexibilidad de contratación. • Puede guardarse el anuncio.	• Baja segmentación demográfica. • Calidad de impresión y color.	1980 1985 1990	25,0 81,1 293,0	30,0 33,7 37,6
Televisión	• Carácter audiovisual. • Audiencias elevadas. • Selectividad geográfica.	• Saturación publicitaria y *zapping*. • Baja segmentación demográfica. • Coste total elevado.	1980 1985 1990	27,3 74,6 244,0	32,9 31,0 31,3
Revistas	• Buena segmentación demográfica. • Calidad de impresión y color. • Lecturas repetidas.	• Baja selectividad geográfica • Periodicidad de publicidad.	1980 1985 1990	14,0 40,0 120,0	16,8 16,6 15,4
Radio	• Selectividad geográfica y demográfica. • Flexibilidad de contratación. • Bajo coste a nivel local.	• Baja efectividad. • Carácter no visual.	1980 1985 1990	10,1 28,0 80,0	12,1 11,6 10,3
Publicidad exterior	• Selectividad geográfica. • Tarifas negociables.	• Segmentación demográfica. • Audiencia generalmente no medida.	1980 1985 1990	5,2 13,5 37,0	6,2 5,6 4,7
Cine	• Calidad de emisión.	• Baja audiencia.	1980 1985 1990	1,4 2,8 6,0	1,6 1,1 0,8
Correo directo	• Segmentación demográfica y personalizada. • Medición de rentabilidad de la inversión flexible.	• Directorios poco adecuados. • Baja credibilidad.	1980 1985 1990	10,0 36,0 132,5	— —

(1) sobre medios masivos.

Fuente: J. WALTER THOMPSON y elaboración propia.

Tabla 8.1. Lectores último período de revistas semanales (% verticales)

	Tele-programa	Tele-indiscreta	Hola	Semana	Diez Minutos	Interviú	Pronto	Cambio 16	Actualidad Económ.	Moto-ciclismo
POBLACION (000)	1.988	2.587	2.730	1.939	1.596	1.206	3.103	424	110	368
SEXO										
• Hombre.	46,9	38,2	29,2	30,6	32,3	64,7	34,9	58,8	67,2	89,7
• Mujer.	53,1	61,8	70,8	69,4	67,7	35,3	65,1	41,2	32,8	10,3
CLASE SOCIAL										
• Alta.	3,7	2,5	12,4	8,0	6,7	7,7	2,6	20,5	29,6	5,7
• Media-alta.	11,6	10,3	21,9	16,7	17,4	20,1	11,4	23,8	27,7	17,5
• Media-media.	46,8	48,4	42,1	44,6	47,1	44,6	35,5	32,2	48,4	21,9
• Media-baja.	28,1	29,3	18,7	23,7	22,9	20,1	30,7	14,6	10,5	6,6
• Baja.	9,8	9,6	4,9	7,1	7,0	5,0	10,7	5,6	—	
EDAD										
• 14 a 19 años.	18,3	22,3	11,0	12,5	12,2	8,8	15,9	7,6	3,8	37,6
• 20 a 24 años.	12,9	13,5	11,9	11,0	11,8	14,9	13,4	13,6	17,0	25,3
• 25 a 34 años.	21,5	20,6	18,9	16,7	19,0	30,9	17,9	23,3	47,8	22,6
• 35 a 44 años.	17,3	17,7	16,4	19,1	18,3	21,8	15,9	28,5	18,5	10,7
• 45 a 54 años.	9,7	11,8	13,1	12,3	13,3	9,1	12,0	14,2	12,2	2,4
• 55 a 64 años.	9,4	6,1	13,0	13,0	12,1	7,1	10,7	6,6	—	1,1
• 65 y más.	10,8	8,0	15,6	15,4	13,4	7,3	14,2	6,3	0,7	0,3
ROL FAMILIAR										
• Ama de casa.	34,2	34,1	47,2	46,6	47,6	24,0	41,0	25,7	22,2	3,8
• Cabeza de familia.	29,5	23,1	26,9	26,3	24,7	39,3	24,7	43,9	35,8	20,5
• Otra situación.	41,8	47,1	33,9	34,5	34,5	41,3	40,1	35,8	46,5	76,9
ESTADO CIVIL										
• Casado.	50,6	48,7	54,9	55,4	56,3	51,2	53,9	54,7	47,2	24,2
• Divorciado.	1,4	1,1	2,0	1,7	2,0	2,3	1,1	4,2	—	0,4
• Viudo.	4,0	5,0	5,8	5,7	6,2	2,0	6,1	2,1	—	0,3
• Soltero.	43,9	45,2	37,3	37,2	35,5	43,9	39,0	39,0	52,8	75,1

Fuente: E.G.M. Octubre/noviembre, 1993.

En la elaboración de un plan de medios o conjunto de inserciones en uno o varios medios y soportes debe tenerse presente que ciertos individuos estarán expuestos a la campaña varias veces, bien porque leen un soporte todos los días en el que se incluye el anuncio, o bien, porque se expongan a ese soporte una sola vez pero hayan visto el anuncio en otro. Esta situación nos sugiere la necesidad de utilizar tres nuevos conceptos para evaluar un plan de medios:

- *Cobertura:* número o porcentaje de individuos distintos expuestos al menos una vez a algún anuncio de la campaña.
- *Frecuencia media de exposición:* número medio de veces al que un individuo está expuesto a los anuncios de la campaña. También se le denomina OTS.
- *Gross rating points (GRP):* sumatorio de los porcentajes de audiencia útil obtenidos en el conjunto de anuncios de una campaña. Se obtiene multiplicando la cobertura por los OTS.

El coste de un espacio publicitario puede medirse en términos absolutos, pero para su comparación con otros soportes resulta más útil emplear el coste por mil impactos (CPM), obtenido del cociente entre el coste de un espacio publicitario y la audiencia útil, multiplicado por mil. Así, si el coste de una página en *Hola* asciende a 2.100.000 pesetas, su CPM para hombres será de 2.634.

Estos criterios cuantitativos relacionados con la audiencia y el coste permiten ir analizando la adecuación de los soportes e inserciones de un plan de medios. La elaboración del plan puede realizarse a través de dos enfoques: evaluación y optimización. El primero consiste en la preparación de un plan basado en la experiencia o el criterio personal, y obtener posteriormente los valores de los criterios cuantitativos antes señalados. La optimización consiste en generar el plan partiendo de una serie de restricciones como la presupuestaria y otras.

8.2.4. Presupuesto

El presupuesto publicitario debe entenderse como la expresión económica de un esfuerzo para obtener un determinado efecto lo más eficientemente posible. La decisión presupuestaria puede abordarse desde diversos métodos prácticos:

Arbitrario. La gerencia establece la cantidad de dinero que debe destinarse a publicidad basándose en su experiencia o intuición.

Porcentaje sobre ventas. Consiste en destinar a publicidad un porcentaje de las ventas pasadas o previstas.

Paridad competitiva. El presupuesto se determina en función o por comparación con el de los competidores. Los datos acerca del presupuesto de la competencia pueden obtenerse de diversas fuentes como Duplo o Repress, que ofrecen información por marcas acerca del presupuesto, distribución mensual, y medios y soportes utilizados.

Lo que se pueda. Asigna los recursos de acuerdo con las diferentes prioridades y una vez cubiertas, el resto del presupuesto se dedica a publicidad.

Según el presupuesto anterior. Consiste en dedicar una cantidad similar a la del año anterior aumentada en función de algún índice general de precios o de un índice de tarifas de medios.

En función de los objetivos y tareas. Utiliza un planteamiento totalmente contrario a los anteriores. Considera los objetivos de una campaña y determina entonces el presupuesto como el sumatorio de costes de las acciones necesarias para alcanzar dichos objetivos.

La mayoría de las empresas utilizan más de un método; sin embargo, el más empleado especialmente por empresas grandes y de productos de consumo es el de los objetivos y en segundo lugar los del porcentaje sobre ventas y lo que se pueda. En la Tabla 8.2 pueden verse los presupuestos de diversos anunciantes.

Tabla 8.2.   Los 25 primeros anunciantes en 1993 (millones de pesetas)

	Anunciante	1993	Incremento (%)
1	El Corte Inglés.	8.130,4	1,4
2	Citroën Hispania.	7.615,0	−11,3
3	Fasa Renault.	7.082,7	−16,1
4	Procter & Gamble.	6.754,2	15,0
5	Seat.	5.222,1	6,5
6	Nestlé.	5.220,7	−9,4
7	Leche Pascual.	5.019,8	−3,5
8	Lever España.	4.658,4	25,4
9	Ford España.	4.639,3	−0,6
10	General Motors.	4.573,2	11,0
11	Peugeot Talbot.	4.522,0	−6,1
12	ONCE.	4.438,0	7,9
13	Fiat Auto España.	4.271,9	2,2
14	Henkel Ibérica.	4.260,9	−25,5
15	Nutrexpa.	3.167,0	24,2
16	Argentaria.	3.003,0	112,2
17	Coca-Cola.	2.948,1	31,6
18	Agra, S. A.	2.774,2	3,0
19	Ente Público RTVE.	2.763,0	−12,6
20	Elida Gibbs, S. A.	2.747,1	41,4
21	Planeta Agostini.	2.716,1	58,3
22	Danone.	2.580,6	−10,0
23	Antena 3 TV.	2.570,5	19,1
24	Repsol.	2.438,0	−34,4
25	Tele 5.	2.396,1	78,8

Fuente: Duplo

Una vez determinado el presupuesto publicitario, debe distribuirse entre difusión y mensaje. En este sentido, diversos autores sostienen un reparto del 85-15 por 100, respectivamente.

8.2.5. Selección de la agencia

En la mayoría de los casos la agencia de publicidad propondrá y ejecutará las decisiones publicitarias enunciadas con anterioridad. Para ello la agencia debe disponer del *briefing* o documento base de trabajo en el que el anunciante incluye los elementos generales obtenidos en la fase de análisis, así como las líneas generales de cada decisión publicitaria. Este documento de trabajo servirá de base a las propuestas de la agencia que, una vez aprobadas por el anunciante, serán ejecutadas.

Existen diversos tipos de agencias según su nivel de servicio o de especialización, pero quizá las más relevantes sean las centrales de medios cuya actividad se centra exclusivamente en la planificación y compra de medios y soportes.

Las formas de remuneración de las agencias son una comisión, generalmente del 15 por 100, sobre el importe de contratación con medios, honorarios fijos, sistemas mixtos o, más recientemente, en función de resultados.

8.2.6. Evaluación de la eficacia

Una campaña publicitaria será eficaz si alcanza los objetivos a ella asignados, y será eficiente si lo consigue al menor coste posible. La evaluación de la eficacia puede desarrollarse antes de la difusión, pretest, o bien posteriormente, postest, aunque en ocasiones se mide a las 24 horas de su difusión.

La finalidad del *pretest* es evaluar la idea base, el eslogan, cualquier elemento del mensaje o el anuncio en sí para determinar su eficacia comunicativa. El *postest* evalúa la eficacia del anuncio y sus elementos una vez difundido. Los criterios de evaluación habitualmente utilizados son la notoriedad, recuerdo, reconocimiento de los elementos, comprensión del mensaje y actitudes. La medición de la influencia de la publicidad en las ventas resulta, como vimos, complejo por la dificultad de aislar la contribución de dicha variable a las ventas. No obstante, es práctica habitual contrastar la evolución de las ventas tras una campaña.

La legislación publicitaria viene definida básicamente en la Ley 34/1988 sobre publicidad, en la cual se definen los tipos de publicidad ilícita —engañosa, desleal, subliminal y otras—, los contratos publicitarios y las acciones para pedir la cesación y rectificación de la publicidad ilícita. Como elemento destacable puede señalarse que dicha ley permite la publicidad comparativa, explítita bajo ciertas condiciones.

8.3. LA PROMOCION DE VENTAS

En Estados Unidos, diversos estudios ponen de manifiesto la creciente participación de las promociones de venta, que, en el caso de productos de consumo, se reparte entre más del 60 por 100 a promociones de venta y 40 por 100 a publicidad. En España, si bien no supera a la publicidad, sí crece a una tasa importante. Los factores que han contribuido a ese cambio son los siguientes:

♦ La necesidad de llevar a cabo acciones a muy corto plazo y para objetivos muy concretos.
♦ La escasa diferencia percibida entre marcas.
♦ La presión de la fuerza de ventas y/o de la distribución.
♦ La eficacia de la promoción de ventas para el fabricante para aumentar ventas e implicar a vendedores y a la distribución.
♦ La facilidad de medición de los resultados de una promoción.

La utilización de la publicidad y de la promoción debe ser complementaria. Sin embargo, el empleo de las promociones de venta será más intensa en las siguientes situaciones y marcas:

♦ Poca fidelidad de marca.
♦ Poca diferencia competitiva.
♦ Compras sin mucha planificación o por impulso.
♦ Están en la etapa de introducción o madurez del ciclo de vida.
♦ Las ventas poseen acusada estacionalidad.
♦ Tienen poca participación en el mercado.
♦ Los competidores lo hacen.
♦ No son recomendadas por los vendedores.

La **promoción de ventas** «*comprende el conjunto de estímulos, que de una manera no permanente y a menudo localmente, refuerzan temporalmente la acción de la publicidad y/o de la fuerza de ventas, y que son puestos en funcionamiento para fomentar la compra de un producto específico*» (Cruz Roche, 1990).

Llevar a cabo acciones de promoción de ventas no integradas en la estrategia de marketing ni coordinadas con el resto de la comunicación supone correr riesgos como los siguientes:

• Distorsiones en la imagen de marca y en el posicionamiento. Esta situación puede producirse cuando las promociones epatan la publicidad y su mensaje se desvanece.
• Ofrecer «productos grises» en los que no importa el beneficio o ventaja del producto, sino tan sólo la promoción, transformándose ésta en un fin y no en un medio. En estos casos el comprador sólo compra productos en promoción, creando para el fabricante un efecto vaivén en sus ventas.
• Conflictos en los canales de distribución. La diversidad de intereses existentes en un canal de distribución hace imprescindible la consideración e implicación de éstos.

Una vez vistos los problemas derivados de las promociones de venta no integradas ni coordinadas, pasemos a examinar las decisiones de una campaña de promoción de ventas. Dicha campaña incluirá: objetivos específicamente promocionales, medios o técnicas promocionales que permitan alcanzar los objetivos fijados y medidas de evaluación y control.

Los *objetivos* de la promoción de ventas pueden establecerse según los destinatarios de las mismas, es decir, fuerza de ventas, distribuidores, consumidores y prescriptores. Así, para la fuerza de ventas pueden señalarse los siguientes: incitar a encontrar nuevos clientes, mejorar sus argumentos de venta, incitar a conseguir pedidos mayores por tienda o cliente y recuperar antiguos clientes.

Para los distribuidores los objetivos son, entre otros, incitarles a cursar un primer pedido, inducirles a ser fieles, fomentar la compra de toda la gama, obtener su cooperación e implicación, desarrollar la notoriedad en el punto de venta, mejorar la rotación de stocks y favorecer su integración en la red.

Los objetivos dirigidos a los consumidores son: hacerles probar el producto, invitarles a realizar la primera compra, hacerles comprar de nuevo, desarrollar la fidelidad a la marca, incitarles a probar una gama completa y aumentar el consumo per cápita.

Por último, los objetivos centrados en los prescriptores se dirigen a hacerles conocer el producto, obtener su adhesión y simpatía, conseguir su cooperación, orientar la influencia que ejercen y sensibilizarles respecto a la marca.

Las *técnicas* utilizadas por las promociones de venta son numerosas, y pueden emplearse de forma combinada. Entre las más habituales pueden señalarse: animación en los puntos de venta, demostraciones y muestras gratuitas, concursos, juegos y sorteos, regalos y obsequios, cupones y vales de descuento, facilidades de pago, *merchandising*, ventas con prima y ventas agrupadas, club con ventajas e incentivos, cliente misterio, envase reutilizable o coleccionable, sellos, puntos o bonos.

No es posible establecer correspondencias biunívocas entre un objetivo concreto y una técnica ideal. Sin embargo, sí es posible señalar las técnicas más adecuadas para alcanzar ciertos objetivos. La elección entre una u otra técnica va a depender de:

- *Los objetivos*. Hay objetivos para los cuales determinadas técnicas son más eficaces. Así, para incitar a probar un nuevo detergente la técnica a emplear son las muestras, y para reducir el freno del precio ofrecer los vales de descuento.
- *El ciclo de vida del producto*. Por ejemplo, ante un producto en su fase de madurez no tiene sentido distribuir muestras gratuitas.
- *Presupuesto disponible*. Si deseamos realizar un concurso, los premios y regalos deben ser lo suficientemente atractivos económica y emotivamente de forma que es aconsejable elegir otra técnica antes que realizar el concurso con premios de baja categoría.

Suele ser habitual utilizar varias técnicas de forma complementaria, o todavía más frecuente implicar a varios grupos. Así, es eficaz combinar una acción sobre los detallistas para que acumulen stocks y al mismo tiempo actuar sobre los consumidores para que acudan a los puntos de venta demandando el producto.

El *control* de las promociones de venta puede realizarse en dos momentos del tiempo, antes del lanzamiento definitivo de la promoción y después de su desarrollo. En el primer caso hablamos de pretest promocional o test *a priori*, y en el segundo de postest promocional o control *a posteriori*. Las ventajas y utilidades de estos controles resultan evidentes, pues permiten minimizar la incertidumbre y descubrir los posibles errores o fracasos. Los principales tests *a priori* son los tests de mercado de prueba, los tests comparativos, las dinámicas de grupo y las encuestas. El control *a posteriori* más habitual consiste en comparar la cifra de ventas antes y después de la promoción, bien mediante estadísticas internas de la empresa, o bien mediante estudios externos como paneles de consumidores y de detallistas. Además, pueden realizarse otros postests de la eficacia de la acción promocional mediante estudios al consumidor acerca de la imagen de la marca, notoriedad, asociación entre promoción y marca, recuerdo, interés y grado de participación, frenos a la promoción y grado de comprensión de las características de la marca. Así, por ejemplo, un concurso puede haber fracasado debido al escaso presupuesto para premios, poco atractivo de los premios importantes, débil apoyo publicitario, falta de cooperación de distribuidores o vendedores, mala recepción de los boletos de participación o bien tratarse de un concurso complicado.

8.4. LA VENTA PERSONAL

La fuerza de ventas está integrada por el conjunto de vendedores, de plantilla o externos, de una empresa. Reciben diversas denominaciones, como ejecutivos comerciales, promotores de venta, visitadores, representantes, vendedores y similares. Las funciones que realizan son variadas, pero sin duda desempeñan un papel fundamental, y en algunas empresas el más importante. La planificación de las ventas comprende tres actividades: definición de objetivos, organización y dirección. Los *objetivos* de la fuerza de ventas pueden agruparse en tres tipos: búsqueda de nuevos clientes, ventas y generación de información. Estos tendrán su plasmación concreta y cuantificada en un determinado período de tiempo. Así, por ejemplo, el objetivo ventas puede traducirse en aumentar un 10 por 100 el volumen de ventas en la zona centro entre pequeños detallistas en el primer semestre, o bien hacer girar el objetivo en términos de venta de un producto o aumentar los pedidos, la cuota de mercado, el número de clientes y similares.

Generalmente, el departamento de ventas es uno de los más amplios y conviene, por tanto, dotarlo de una estructura organizativa clara. La *organización* de la fuerza de ventas dispondrá de un jefe de ventas que dependerá del director general de marketing y cuya estructura podrá ser de una de estas tres formas puras o híbridas:

- ◆ Por zonas: Jefes de ventas regionales, provinciales y vendedores de zona.
- ◆ Por productos: Jefes de producto y vendedores de producto.
- ◆ Por clientes: Jefe de venta mayorista o minorista, grandes-pequeños, o industriales-particulares y vendedores.

La *dirección de ventas* incluye la selección, formación, motivación, remuneración y evaluación de vendedores. Todas estas tareas desempeñan un papel determinante y requieren de una gran atención y diseño de políticas específicas. Pese a ello las direcciones de venta suelen concentrar sus esfuerzos en la remuneración. Esta puede ser sueldo fijo, comisión —por producto, tramos y/o progresiva—, mixto y primas para situaciones excepcionales. En la selección de vendedores se emplean métodos similares a los habituales como tests, entrevista, entrevista de presión y otros que, junto a factores personales como la facilidad de palabra, empatía, simpatía, apariencia y afán de superación, determinan la elección entre candidatos. Tras ello la formación continua debe ser el elemento clave del rendimiento de los vendedores. Frente a lo que puede parecer, las aptitudes adecuadas de un vendedor se alcanzan a través de la formación tanto técnica sobre el producto como en métodos de venta. La formación, remuneración y acciones promocionales constituyen los elementos alrededor de los cuales debe girar la motivación. Por último, la evaluación de vendedores tiene por finalidad el control de resultados relativos a los objetivos establecidos.

El proceso de venta personal suele estructurarse en las siguientes fases: prospección, preparación, presentación, tratamiento de las objeciones, cierre y seguimiento. Veamos en qué consisten. La prospección tiene por finalidad la búsqueda de nuevos clientes, utilizando para ello referencias de los actuales clientes y proveedores, directorios de empresas, ferias, anuncios con respuesta de solicitud de información y contactos o relaciones entre otros.

Si la visita de venta se efectúa con un cliente actual, en la preparación debe recopilarse toda la información disponible tanto de carácter comercial (últimos pedidos, precios, períodos de pago y satisfacción general) como personal (intereses, hobbies y personalidad). En el caso de un nuevo cliente, debe buscarse esa información en los primeros momentos de la visita.

La presentación de ventas consta de dos elementos: la apertura para romper el hielo y la presentación o demostración de los beneficios y ventajas del producto. Tras esta presentación pueden surgir objeciones en términos de dudas o críticas por parte del comprador relativas al precio («es demasiado dinero para gastar»), al producto («tengo experiencia y esos productos no dan resultado»), a la oportunidad («déjemelo pensar bien y ya le llamaré»), al origen («no he oído hablar mucho de ustedes») y similares. Ante estas u otras objeciones debe escucharse con atención y no interrumpir, mostrar al cliente que valoramos su opinión y, sin contradecirle, abordarlas con naturalidad comenzando la respuesta con frases como «entiendo sus dudas», «efectivamente es así» o «en efecto, entiendo por qué usted piensa así» para proseguir con una solución a la objeción formulada ampliando la información, apelando a la calidad, prestaciones o forma de pago, empleando el testimonio de otros clientes y similares. En muchos casos lo mejor es anticipar la respuesta antes de que la objeción sea enunciada, como por ejemplo «... usted podrá encontrar productos más baratos, pero como sabe por experiencia, generalmente lo barato no va acompañado de la calidad».

El cierre tiene por objeto que el comprador efectúe un pedido. Para ello es determinante detectar el momento adecuado a través de indicios corporales, como incorporarse hacia adelante o hacer cálculos en un papel, y/o verbales, como «¿cuándo estaría disponible?» o «¿es posible pagarlo a plazos?». Existen diversos métodos para cerrar la venta como el halago, resumen de los puntos fuertes, concesión especial, posibilidad única, prueba del producto, por suposición, preguntar por pequeños detalles y otros.

Por último, el vendedor debe realizar una tarea de seguimiento del cliente, del pedido y de las actividades postventa que generen confianza y satisfacción por la compra realizada.

8.5. OTRAS FORMAS DE COMUNICACION

8.5.1. Las relaciones públicas

Las decisiones de relaciones públicas suelen tomarse al más alto nivel de la organización, dado que involucran al conjunto de la misma y no sólo a marcas específicas. Esta herramienta de comunicación está adquiriendo un papel cada vez más preponderante, y algunos le confieren un valor superior al de la comunicación, situándola como una variable más del marketing mix. Su actividad se orienta a la creación y mejora de la confianza, comprensión y adhesión, a las relaciones con diversos grupos y a la comunicación corporativa.

Los destinatarios de las relaciones públicas son de tipo externo, como proveedores, consumidores, intermediarios, banqueros, administración, partidos políticos, líderes de opinión, medios de comunicación, universidades y similares, y de tipo interno, como trabajadores, directivos, accionistas y otros colaboradores.

Las herramientas que utiliza son amplias, y abarcan entre otras las siguientes: publicaciones internas y externas, exposiciones, noticias de prensa, conferencias, becas, ayudas benéficas, premios culturales, visitas a empresas, fiestas, recepciones, etc.

8.5.2. «Publicity»

La «publicity» posee las mismas características que la publicidad si exceptuamos el hecho de que el emisor no paga al propietario del canal por transmitir mensajes acerca de una marca o empresa. Así, por ejemplo, la Dirección General de Tráfico, con la campaña que muestra las consecuencias de los accidentes, ha conseguido artículos y reportajes en medios que transmiten el mensaje publicitario relativos a lo caro que te puede costar un accidente.

8.5.3. El patrocinio

El patrocinio tiene relación con otras herramientas del mix de comunicación como la publicidad, promociones de venta y relaciones públicas, pero constituye en realidad una forma más. En efecto, el patrocinio no es publicidad, ni promociones de venta, ni relaciones públicas y, sin embargo, algo tiene que ver con todas ellas, y su eficacia dependerá de la utilización conjunta de todas las herramientas. Así, por ejemplo, pagar a un determinado tenista para que utilice una raqueta de tenis tendrá poca eficacia si ello no va acompañado por acciones que lo exploten publicitariamente, promociones de venta (concursos o sorteos de material deportivo entregado por el tenista) y relaciones públicas (ruedas de prensa con los medios, visitas a las fábricas o puntos de venta) entre otros.

Tal y como señalábamos al principio de este capítulo, el patrocinio implica la entrega de dinero u otros bienes a una actividad o evento que permite la explotación comercial de los mismos. En realidad lo que el patrocinador compra, y por lo tanto paga, son tres elementos:

♦ La audiencia y exposición potencial del evento patrocinado.
♦ La imagen asociada con la actividad patrocinada.
♦ El derecho a explotar comercialmente la asociación con dicha actividad.

La idea de rentabilidad del patrocinio es clave para el patrocinador. Dentro del derecho a la explotación comercial enunciado pueden contemplarse múltiples acciones entre las que podemos citar los siguientes ejemplos: distribución y venta de productos en el acontecimiento (bebidas), venta de equipos a la organización de la actividad (ordenadores), comercialización de productos originados por el evento a patrocinar, publicidad preferente en las retransmisiones y cualquier otro que pueda acordarse.

Los objetivos específicos del patrocinio se reducen a dos tipos: aumentar la notoriedad y mejorar la imagen. Sin embargo, tal y como hemos sostenido anteriormente, el patrocinio puede estar relacionado con la publicidad, las promociones de venta y las relaciones públicas, y por tanto puede tener objetivos relacionados con cada una de ellas.

En relación a los tipos de patrocinio, según el nivel de intercambio puede distinguirse entre patrocinios básicos, intermedios y ampliados. Los primeros se caracterizan porque el intercambio entre patrocinador y patrocinado se reduce al pago de una cantidad por mostrar a la audiencia directa o indirecta la marca patrocinadora. Los patrocinios intermedios son aquellos que incluyen además la explotación de la imagen del evento, mientras que los ampliados son los que incorporan otros derechos de explotación como publicidad preferente, suministro de productos o cualquier otro servicio que pueda acordarse.

La evaluación de la eficacia del patrocinio puede desarrollarse a un doble nivel. La eficacia directa corresponde a los asistentes directos a un evento, mientras que la eficacia indirecta hace referencia a aquellos individuos que se exponen al evento mediante retransmisiones, informaciones, reportajes y similares. En uno y otro caso los criterios de evaluación serán la exposición, percepción, identificación de la marca, actitudes y comportamiento.

CONCEPTOS CLAVE

Publicidad. Es aquella forma pagada y no personal de presentación y promoción de ideas, bienes y servicios por cuenta de alguien identificado.

Mensaje publicitario. Incluye el conjunto de textos, imágenes, sonidos y símbolos que transmiten una idea derivada de un objetivo publicitario.

Cobertura. Número o porcentaje de individuos distintos expuestos, al menos una vez, a algún anuncio de la campaña.

Frecuencia Media de Exposición (OTS). Número medio de veces al que un individuo está expuesto a los anuncios de la campaña.

Gross Rating Point (GRP). Sumatorio de los porcentajes de audiencia útil obtenidos en el conjunto de anuncios de una campaña.

Coste por Mil Impactos (CPM). Cociente entre el coste de un espacio publicitario y la audiencia útil, multiplicado por mil.

Pretests/postests publicitarios. Métodos de medición de la eficacia publicitaria antes/despues de la difusión del anuncio.

Promoción de ventas. Incentivos a corto plazo dirigidos a compradores, vendedores, distribuidores y prescriptores para estimular la compra.

Venta personal. Comunicación personal con uno o varios potenciales clientes con el fin de conseguir la compra.

Relaciones públicas. Acciones dirigidas a mejorar, mantener o proteger la imagen de un producto o empresa.

Patrocinio. Entrega de dinero u otros bienes a una actividad o evento que permite la explotación comercial de los mismos a diversos niveles.

CUESTIONES DE ANALISIS

1. Tomando como base el esquema propuesto en la Figura 8.1, señale con un ejemplo los elementos del proceso de comunicación aplicados a la venta personal.
2. Escoja un semanario económico y otro dirigido a mujeres y clasifique los anuncios con arreglo al tipo de eslogan y mensaje.
3. A partir de la información incluida en la Tabla 8.1, señale el soporte con mayor audiencia para las siguientes poblaciones objetivo: clase social alta, población entre 25 y 30 años, amas de casa y solteros.
4. De los semanarios seleccionados en la Cuestión 2, busque las promociones de venta e indique el objetivo que persiguen, a qué población cree que se dirigen y qué técnica promocional emplean.
5. Imagínese que es vendedor de una enciclopedia y que debe hacer una presentación de ventas de la misma. Prepare el proceso de venta personal incluyendo las posibles objeciones que le pueden surgir y la forma de resolverlas.

LECTURAS RECOMENDADAS

BIGNE, E. (1991). «Problemática de la audiencia y la publicidad ante los nuevos medios de comunicación». *Investigación y Marketing*, n.º 36, págs. 14-27.

CORDOBA, J. L. (1988). «La promoción de ventas en el marketing de hoy». *Harvard-Deusto Business Review*, tercer trimestre, págs. 137-144.

LEVITT, T. (1993). «Publicidad: el arte de conjugar los deseos del consumidor». *Harvard-Deusto Business Review*, tercer trimestre, págs. 44-47.

CAPITULO 9

Nuevas aplicaciones

9.1. MARKETING INTERNACIONAL: CONCEPTO Y JUSTIFICACION

Cuando las actividades de la empresa se realizan fuera de los límites nacionales surge lo que se denomina marketing internacional.

> **Marketing internacional** es *realizar procesos de intercambio de bienes o servicios con clientes situados en el extranjero.*

La proliferación de los tratados internacionales, la mejora de las comunicaciones, la innovación tecnológica y lo que denominamos regionalización de la economía han propiciado el aumento del intercambio entre los diferentes países en el mundo.

Este no es un proceso nuevo; los negocios internacionales han existido siempre de un modo u otro, desde hace muchos años, con períodos de auge espectacular. Sin embargo, lo característico de nuestra época es precisamente la rapidez e intensidad con que este fenómeno se está extendiendo.

Como señala Canals, la internacionalización de la empresa y los problemas derivados de la gestión del proceso de internacionalización son cuestiones muy a tener en cuenta por los directivos de empresas cuyas fuerzas motrices describimos gráficamente (véase Figura 9.1).

Podemos mencionar algunos hechos que revelan este proceso. En 1989, la desaparición del muro del Berlín y la extinción del modelo de la economía socialista. La desintegración de la URSS, que se convierte en la CEEII hace que todos los países de la Europa del Este inicien un proceso de liberalización de sus economías en su camino hacia la economía de mercado. También los EEUU y Canadá establecen un acuerdo de libre comercio al que pronto se incorporará México. El acuerdo del GATT de finales de 1993 y, para finalizar, la consolidación definitiva de la Unión Europea donde, además de los

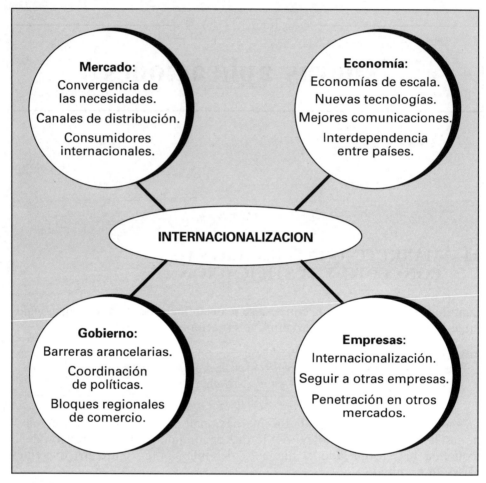

Figura 9.1. Fuerzas motrices que conducen a la globalización de los mercados.

doce, hay varios países más que han solicitado su incorporación que, de llevarse a cabo, muy pronto van a ser quince o más los Estados miembros que formarán la Unión.

Estos acontecimientos son los que nos dicen que la economía actual es esencialmente internacional y cada vez lo va a ser más.

Este proceso de internacionalización de la economía afecta a las empresas, y en este contexto la actividad de éstas cada vez va a estar más en los mercados exteriores, de aquí que la necesidad de afrontar los retos de comercialización de dichos mercados exteriores potencie más el papel del marketing internacional.

El proceso de internacionalización de una empresa implica riesgos elevados, ya que debe enfrentarse en un entorno que desconoce donde el idioma, la cultura, las leyes, los gustos son diferentes. La falta de conocimiento de los mercados exteriores y la dificultad de adquirirlos es una de las causas que explica la lentitud de internacionalización de la empresa.

En cuanto al entorno y su valoración, ya quedó explicado en el Capítulo 2, donde hablábamos del mercado, aunque allí nos referíamos al entorno en el mercado nacional y aquí habría que añadir al del mercado exterior, que dificulta el diseño de la estrategia comercial. No obstante, los factores del entorno que tienen mayor relevancia en el marketing internacional son los culturales, los políticos y los económicos.

En cuanto al primero, el factor más importante es la lengua y la cultura, mientras que en el segundo la cuestión más a tener en cuenta puede ser la estabilidad política de un Gobierno y, en cuanto al tercero, lo más importante es el grado de desarrollo económico del país de que se trate.

Una vez ya hemos tomado la decisión de salir al extranjero, habría que hacer un pequeño estudio del mercado del país a donde queremos ir.

9.1.1. Investigación de mercados exteriores

Esta investigación conlleva dos fases: seleccionar el país al cual queremos ir y después analizar el mercado del mismo.

En cuanto al primero, tendremos que pensar en qué país debemos realizar la prospección de nuestros productos, y para ello deberemos seleccionar, de entre unos pocos, el país que más creemos que nos conviene basándonos no ya a criterios exclusivos de rentabilidad, sino de seguridad operatoria en muchos casos, y en otros, simplemente de más fácil acceso de los productos al mercado.

Es aconsejable en una primera fase la eliminación de muchos mercados en razón a la lejanía geográfica, entre otras razones por el coste de transporte y dificultad de resolver incidencias por razones de la distancia.

Otra cuestión a tener muy en cuenta es la posición de reserva de divisas de los países en cuestión que estamos preseleccionando, con el fin de que puedan hacer frente al pago de las importaciones que realicen. Además de la reserva de divisas también hay que tener en cuenta el PNB (Producto Nacional Bruto) per cápita, que nos mide de alguna manera el poder adquisitivo del consumidor; en el caso de exportaciones de bienes de consumo, esta variable es decisiva.

Un último criterio a considerar se refiere a las condiciones legales y de utilización que pueden afectar al producto cuya comercialización se pretende; o, dicho de otra manera, posible adaptación del producto a los imperativos de varios mercados.

Después de seleccionado el país, deberemos proceder al análisis de su mercado. Para ello, y al igual que se estudió la investigación comercial en el Capítulo 3, procederemos a obtener información del país en cuestión basándonos en los dos canales ya conocidos: información secundaria e información primaria.

La información secundaria está ya elaborada, y de forma indicativa y no exhaustiva se reproduce una lista de las diferentes fuentes y la información que facilitan:

INFORMACIONES	FUENTES
Estadísticas de importación:	Estadísticas sobre comercio de la ONU, de la OCDE, D.G. de Aduanas de los países.
Estadísticas sobre producción:	Anuario estadístico mensual de la ONU, asociaciones comerciales de los países, gremios de fabricantes de los países.
Derechos y contingentes arancelarios:	Oficina Comercial española en el Extranjero; Cámaras de Comercio; algunas embajadas; Cámaras de Comercio Españolas en el Extranjero.
Restricciones sanitarias:	Embajadas.
Situación política:	Informes de prensa especializada; Compañia española de Seguros de Crédito a la Exportación.
Consumo de productos:	Estadísticas oficiales; revistas comerciales del sector en cuestión; asociaciones comerciales.
Identificación de agentes comerciales:	Oficina Comercial española en el Extranjero; directorios comerciales; Cámaras de Comercio; Cámaras de Comercio españolas en el Extranjero.
Importadores:	Agentes de Aduanas, Cámaras de Comercio; Oficina Comercial española en el Extranjero.
Datos generales sobre países:	Guías; anuarios especializados; atlas; enciclopedias; publicaciones de divulgación editadas por los propios países; embajadas; anuarios estadísticos; Cámaras de Comercio.

Después de este primer paso deberíamos proceder a analizar las condiciones de acceso de los productos de la empresa al país en el que queremos realizar la prospección de los mismos, o sea, el grado de permeabilidad del mercado en cuestión para recibir los nuevos productos y que de alguna manera pueden limitar las importaciones. En este sentido debemos analizar:

- Restricciones cuantitativas que limitan en el país de destino el volumen de la importación: los *cupos* y los *contingentes.*
- Restricciones cualitativas que inciden sobre los precios; nos referimos a los aranceles, los impuestos y los derechos específicos, las condiciones de pago y crédito, y las restricciones sobre normas y características que deben

cumplir los productos importados (restriciones de seguridad, homologaciones, normas fitosanitarias, contaminación, etc.).

Otro dato a investigar son los medios y compañías de transporte que trabajan con el país en cuestión, los agentes transitarios y también los bancos existentes, pues estos últimos colaboran con la tramitación de documentos y la gestión de cobro de mercancías, según los contratos de ventas establecidos.

Por último, además de toda la información anteriormente relacionada, hemos de analizar los aspectos cualitativos del mercado (información primaria), intentando hallar respuesta a los siguientes interrogantes:

a) ¿Qué cantidad de producto genérico o de determinadas marcas se consume anualmente?

b) ¿Quién consume el producto? ¿Qué características tiene el consumidor?

c) ¿Cuál es el lugar de uso o consumo del producto?

d) ¿Cuál es la frecuencia del consumo del producto?

e) ¿Cómo se usa el producto?

f) ¿Qué productos compiten con el nuestro? ¿Cuáles son sus marcas?

g) ¿Cuál es la procedencia del producto? ¿Qué canales se utilizan para hacerlo llegar al consumidor?

h) ¿Cuál es el precio de venta? ¿Cuáles son las fórmulas de pago?

i) ¿Quién vende?

Este análisis cualitativo es muy importante, puesto que por un lado puede determinar las formas de interactuar de los consumidores con los productos que intentamos introducir en el mercado, descubren en ocasiones distintos usos del producto o distintas pautas de consumo, que pueden mejorar o dar al traste con nuestras espectativas. Si bien el análisis cuantitativo puede establecer una información general del atractivo del mercado para los exportadores, a través del análisis cualitativo se debe evidenciar también cuál es la estructura y la fuerza relativa de los competidores, cuáles son los factores clave para dicha competencia y evaluar los costes en que se deberá incurrir para poder hacer frente a dicha competencia. Esto nos evitará caer en la falacia de la mayoría, pues no siempre el país con mayor potencial de consumo de nuestro producto será el mejor destino para nuestras exportaciones, ya que en muchos casos este elevado potencial de consumo habrá atraído a múltiples competidores, siendo costosa y delicada la consecución de una cuota de mercado aceptable.

9.1.2. Formas de penetración en mercados exteriores

Para conseguir introducir nuestros productos en mercados exteriores existen diversas posibilidades o alternativas, que dependen del grado de implicación de la empresa, de su capacidad financiera, organizativa y de un gran conjunto de factores que sería difícil enumerar a este nivel. Vamos a realizar una clasificación de las más comúnmente utilizadas, diferenciando entre las formas que implican la *venta directa* de nuestros productos, la *venta compartida*, la *venta subcontratada* y, por último, *otras estrategias de introducción en mercados exteriores*, especificando en cada uno de los casos algunas de las variantes más relevantes.

❏ La venta directa

La modalidad denominada venta directa parte de la premisa de inexistencia de intermediarios (organizaciones) ajenos entre el productor y los clientes del mercado exterior; puede mostrar distintas variantes, en función del grado de implantación y control deseado en el mercado exterior.

- *Red comercial propia:* supone el establecimiento de la actividad de comercialización de nuestros productos en el mercado exterior soportada y controlada por la empresa. Esto no quiere obligatoriamente decir que deberemos introducir puntos de ventas, pero sí que las ventas a realizar serán llevadas a cabo por personal propio de la organización. Esta alternativa, aunque costosa, es la que proporciona un mayor control del mercado exterior a la empresa. Es insustituible ante determinados productos (realización a medida o por encargo) y también ante situaciones concretas de los países de destino (monopolio de comercio exterior del Estado).

- *Representante asalariado:* supone la existencia de un agente que trabaja para la empresa pero que puede compartir su tiempo con productos complementarios y que debe tener un buen conocimiento de nuestra empresa y del mercado exterior; normalmente debe ser residente en dicho mercado. Este método válido, aunque costoso, puede utilizarse como paso previo a una delegación comercial (red comercial propia). Otra de las circunstancias que aconsejan el uso de esta forma es la necesidad de servicio postventa o el desconocimiento de la empresa en el mercado exterior.

- *Agente a comisión o representante multicartera:* se trata de un agente externo a la empresa que es capaz de recoger pedidos y de realizar ofertas y promociones; en ocasiones puede actuar como depositario de la mercancia, pero es esencialmente un mandatario. Esta opción, si bien es más barata, puesto que actúa a comisión sobre la cifra de negocios conseguida, también es más arrie·sgada, puesto que la independencia del agente le exime de responsabilidad ante los riesgos de su actividad.

❏ La venta compartida con recurso a intermediarios

Este conjunto de fórmulas de acceso a mercados exteriores parte de la premisa de cooperación entre varias empresas para lograr dicho acceso en mejores condiciones, repartiendo beneficios, costes y responsabilidades.

- *Unión de empresas para la exportación:* consiste en la colaboración entre distintas empresas para acceder a mercados exteriores; normalmente se trata de pequeñas empresas que por su tamaño no podrían en muchas ocasiones acceder a ellos en solitario. Normalmente se benefician de las economías de escala y se suelen orientar a los estudios del mercado exterior, transporte conjunto de mercancias, creación de redes comerciales conjuntas, almacenes conjuntos, o incluso plantas de producción colectivas. Se suelen realizar estos acuerdos entre empresas que comercializan productos complementarios, de forma que además de las economías de escalas puedan obtener beneficios por sinergias.

• *Piggy back:* bajo este nombre se encuadra el acuerdo entre una empresa que intenta introducirse en un mercado exterior y otra (normalmente del mercado exterior) que ya está instalada en el mismo, para hacer uso de su red comercial. Esta forma de cooperación se centra en las ventajas de acceder a una red comercial ya establecida, y tiene los costes de remuneración de la empresa ya implantada en el mercado exterior, que normalmente se plasman en comisiones sobre las ventas, aportación a los gastos de gestión y en el pago de una cantidad al principio del acuerdo. Entre los inconvenientes a destacar está el hecho de que en muchos casos los nuevos productos comercializados por la empresa receptora sean considerados secundarios o accesorios.

❏ **Venta subcontratada**

Consiste en la dejación máxima de control sobre los productos que acceden al mercado exterior; es decir, la empresa vende sus productos a otra empresa que es la encargada de hacerlos llegar al mercado exterior y comercializarlos posteriormente. En muchas ocasiones esta fórmula es escogida por la imposibilidad de acceso a algunas de las anteriormente expuestas, o por el deseo de evitar riesgos o complicaciones de gestión. Esta fórmula permite tratar al comprador como un cliente nacional, ya que es el subcontratista el que se encarga de todas las acciones de acceso al mercado exterior.

❏ **Otras estrategias de expansión hacia el mercado exterior**

El siguiente conjunto de fórmulas permite el acceso a los mercados exteriores sin necesitar directamente una presencia de la empresa, o en ocasiones de sus productos. Para ello se utilizan las patentes, como medios de comercializar los productos o la forma de producirlos, y más recientemente se habla de *Know How* (o saber hacer) como sustituto/competidor de las patentes.

Este conjunto de métodos se centran en encontrar en el país de destino unos socios que estén dispuestos a fabricar nuestros productos o utilizar nuestros procesos para comercializar unos productos iguales o muy parecidos a los que estamos comercializando en nuestros mercados domésticos.

La utilización de los términos *know how* y *patentes* pretenden mostrar una realidad existente el mercado.

> **Patente** *es una forma de protección legal de una idea, que se puede plasmar en un producto, un proceso o, también existen las de aplicación o mejora, que son modificaciones de patentes ya existentes.*

> **Know how,** *o saber hacer, es un término que recoge la capacidad de una organización para realizar mejor que otra procesos, servicios o productos, incluso la capacidad de gestión y organización.*

La patente supone una protección legal, y conlleva unos requisitos para ser considerada como tal, además de la publicidad de la misma y del registro. Está sometida a unos plazos de caducidad y a unos costes de mantenimiento.

El *know how* es una capacidad desarrollada por una empresa, dado que no necesita del requisito registro, no produce el efecto publicidad, y puede ser imitado; por ello su defensa está en la confidencialidad del mismo, no necesita de requisitos para ser considerado como tal y constituye un bien apreciado por muchos competidores.

La cesión de *patentes* y *know how* puede producir en el mercado exterior una presencia, aunque indirecta, de nuestra empresa. Las formulas más utilizadas para ello son tres: *las licencias de fabricación, la transferencia de tecnología,* y *la venta de plantas llave en mano.*

- *Licencias de fabricación:* suponen el permiso de fabricación de nuestros productos en plantas existentes en el mercado exterior dependientes de las empresas licenciadas. De esta forma los licenciatarios se comprometen a fabricar bajo las especificaciones facilitadas y se encargan de las tareas de comercialización. La empresa que licencia se beneficia de una presencia del producto en el mercado exterior, con los beneficios que se pacten, sin los riesgos y costes en los que incurriría caso de seleccionar otra vía de salida.
- *Transferencia de tecnología:* esta alternativa supone una mayor implicación de la empresa que desea el acceso, pues además de permitir la producción de determinados bienes, debe proporcionar la tecnología necesaria para ello. Normalmente, se realiza esta forma de salida al mercado exterior en países muy poco industrializados.
- *Venta de plantas llaves en mano:* supone el máximo exponente de las fórmulas planteadas. En los países en vías de desarrollo no existen empresas en condiciones de recibir ni licencias ni transferencias tecnológicas, por lo que se opta por la construcción de plantas productivas que se entregarán en funcionamiento a la empresa del mercado exterior. Esto conlleva una fuerte inversión para la empresa que quiere salir al mercado exterior, y además la obligación de formación del personal que se hará cargo de la planta y de la producción, así como el servicio de mantenimiento posterior a la entrega de la planta.

9.1.3. El marketing mix internacional

Con respecto a la mezcla de marketing que se va a utilizar en los mercados exteriores, existen dos alternativas claramente opuestas, entre las cuales existen múltiples puntos intermedios. Una de ellas es la *normalización*, que presupone que se va a comercializar en todos los mercados el mismo producto, a un precio equivalente, con las mismas campañas promocionales y de comunicación (traducidas) y con unos canales de distribución semejantes. La alternativa opuesta es la *especialización* o adaptación de cada una de las variables del marketing mix en cada uno de los mercados exteriores en los que van a estar presentes nuestros productos. Existen casos de ambos extremos, aunque suelen ser más frecuentes los primeros (Coca Cola —o las cadenas de franquicias a nivel internacional—, Benetton). Vamos a describir brevemente algunas de las opciones más barajadas para cada una de las variables del marketing mix.

❑ Producto y promoción

Aunque se trata de dos variables del marketing mix, en la mayoría de los casos se tratan de forma conjunta a la hora de hablar del marketing internacional. Las posibles combinaciones de las opciones planteadas al principio dan lugar a cinco alternativas claramente definidas (Keegan, 1984):

1. *Extensión*; consiste en ofrecer el mismo producto y la misma mezcla promocional, suponiendo que el mercado exterior y el doméstico son equivalentes tanto en los usos y beneficios esperados del producto como en su estructura y carácter de comunicación.
2. *Adaptación* de la promoción; aunque en esta situación sí que se suponen iguales los usos y beneficios del producto, también se perciben diferencias culturales o legales que obligan a adaptar a cada país las acciones promocionales y de comunicación.
3. *Adaptación del producto*; en esta situación se suponen una cultura y legislación semejantes, aunque existen diferencias en los gustos o técnicas entre mercados, de forma que para acceder a ellos en mejores condiciones, es necesario modificar, aunque levemente, el producto ofertado en cada mercado (diferencias de voltajes para electrodomésticos, etc.).
4. *Estrategia de doble adaptación*; tanto del producto como de la actividad promocional, lo que supone diferencias culturales o legales y de gusto o técnicas, suponiendo un mayor esfuerzo.
5. *Creación de producto nuevo*; cuando las necesidades del mercado exterior no pueden ser satisfechas por ninguno de los productos que en la actualidad comercializa la empresa; en este caso también se hace necesaria la creación de una mezcla de promoción y de comunicación adecuada para este nuevo producto.

❑ Precio

El precio dentro del ámbito del marketing internacional pierde gran parte del protagonismo de que goza en los mercados domésticos, debido en gran medida a la dificultad de control del mismo. En los mercados exteriores, como ya se ha comentado, se deben satisfacer un conjunto de pagos (tasas, impuestos, transportes, comisiones de agentes, tipo de cambio, etc.) que suponen un aumento de los mismos; de la misma forma, dependiendo del método de acceso al mercado exterior escogido, se puede perder en gran medida la capacidad del control de precio final de venta (salvo las excepciones de las cadenas de franquicia internacionales), con lo que el uso del precio como variable de marketing mix queda reducido a acciones promocionales puntuales.

❏ La distribución

En lo referente a la distribución podemos volver a repetir parte de lo dicho con respecto al precio. En función del método de acceso al mercado exterior, se podrán escoger distintos canales de distribución, teniendo en cuenta que en casi todas las alternativas planteadas en el epígrafe anterior se destacaba la presencia de intermediarios extranjeros, que tendrán un control casi total de la mercancía una vez llegada ésta al mercado exterior.

9.2. MARKETING EN INSTITUCIONES NO LUCRATIVAS

Tal y como vimos en el Capítulo 1, el concepto de marketing se basa en la idea del intercambio como objeto del mismo. En este sentido, los intercambios pueden realizarse con organizaciones sin ánimo de lucro, bien de carácter privado o público. Las transacciones no se limitan, pues, al campo de los bienes y servicios, sino también a las ideas.

La aplicación del marketing a este campo tuvo su respaldo académico con la definición propuesta por la American Marketing Association en 1985, descrita en el Capítulo 1, en la que se reconocen como objeto de intercambio tanto los bienes y servicios como las ideas.

El marketing de instituciones no lucrativas hace referencia a un amplio conjunto de actividades de intercambio, generalmente servicios e ideas, realizados por organizaciones sin fines lucrativos. En particular, dentro de este área podemos distinguir diversos tipos de organizaciones que dan lugar a las siguientes categorías:

- *Marketing no lucrativo.* Bajo esta categoría se incluyen aquellas relaciones de intercambio en las que intervienen organizaciones sin ánimo de lucro, bien sean privadas o públicas. Generalmente, esta denominación se emplea para referirse a asociaciones de naturaleza privada, como clubs deportivos, hospitales, colegios y similares.
- *Marketing social.* Esta categoría hace referencia al desarrollo de intercambios dirigidos a alentar ciertas ideas o comportamientos sociales. El marketing social es susceptible de aplicación a temas como el SIDA, abandono del consumo de tabaco, seguridad ciudadana, etc.
- *Marketing público.* Este tipo de marketing se utiliza para referirse a las actuaciones de la Administración pública en su amplia gama de servicios como la sanidad, la educación o la justicia.

- *Marketing político.* Es el desarrollado por las organizaciones políticas y sindicales para fomentar el apoyo a sus ideas, programas y candidatos, aunque es susceptible de uso en cualquier ámbito en el que se produzca una elección entre candidatos o alternativas.

Veamos con algo más de detalle cada una de estas categorías.

9.2.1. Marketing no lucrativo

El marketing de las organizaciones no lucrativas comprende las acciones llevadas a cabo por entidades no lucrativas; generalmente de carácter privado, entre ellas se puede citar los clubs deportivos, sociedades recreativas, organizaciones religiosas, profesionales, científicas, políticas, etc. Normalmente este conjunto de organizaciones se caracterizan por mantener distintos tipos de intercambio con la sociedad; por lo general, dado su carácter no lucrativo, no tienen la posibilidad de ofrecer sus productos o servicios al mercado por un precio, por lo que deben buscar un tipo de público objetivo que sea el que las provea de fondos (donaciones, etc.) recursos (tiempo) o materias primas, público que recibe el nombre de *contribuyente,* y por otro lado tienen otro conjunto de público objetivo, que son los beneficiarios de los productos o servicios ofertados, llamados *clientes.*

Normalmente, estas organizaciones ofrecen servicios o ideas tanto a sus clientes como a sus contribuyentes, lo cual dificulta la acción del intercambio, dada la naturaleza intangible del objeto del mismo. La dificultad de la aplicación del marketing no lucrativo estriba por un lado en la imposibilidad de controlar realmente los resultados, puesto que no existe situación competitiva de mercado, y en saber si se han alcanzado los objetivos perseguidos por la organización, puesto que al tratarse normalmente éstos de ideales o beneficios para la sociedad son difíciles de definir y cuantificar. Por otro lado, aparece el problema de las variables del marketing mix que podemos utilizar; dado que no se tienen fines de lucro, el precio no existe como tal y, por ello, se debe centrar la atención en el resto de las varibles del mix. La comunicación en el marketing no lucrativo es una de las principales herramientas, puesto que gracias a ella podemos llegar a los contribuyentes y a los clientes, si bien se suele utilizar mas para los primeros que para los segundos. En muchas ocasiones no se tiene control sobre la misma, puesto que es el resultado de donaciones, mientras que las formas con mayor capacidad de control (marketing directo) suelen ser utilizadas para los contribuyentes casi exclusivamente. También se plantean problemas a la hora de aplicar técnicas concretas de marketing; normalmente las entidades no lucrativas, no aceptan de buen grado la segmentación de mercados, puesto que supone una marginación de parte del posible público.

En cuanto al producto, que en la mayoría de los casos suele ser servicio, dependerá de los distintos tipos de organizaciones con las que estemos tratando, puesto que algunas estarán dispuestas y prestas a modificar o adaptarlo a las necesidades de los clientes, mientras que otras se verán en la imposibilidad de ello debido en muchos casos a las carestías económicas.

9.2.2. Marketing social

El marketing social no se basa generalmente en asociaciones u organizaciones, (pueden existir estas o no), sino que se incluyen dentro de esta categoría todos los intentos realizados para modificar las actitudes, costumbres o comportamientos del público objetivo que resultan perjudiciales para los mismos, o reconducirlos hacia actitudes, costumbres y comportamientos mucho más beneficiosos para la sociedad

Entre los objetivos mas destacados de campañas de marketing social, podemos citar la seguridad vial, prevención e información sobre el SIDA, la donación de órganos o la reducción de consumo de tabaco y alcohol. Normalmente las campañas de marketing social se basan en que los receptores de las mismas, o público objetivo dejen de realizar acciones que si bien pueden ser perjudiciales para ellos o para los que los rodean, les proporcionan algún tipo de satisfacción, es decir, que dejen de hacer algo que realizan voluntariamente y que les proporciona un bienestar individual.

Existen diversas alternativas que pueden conseguir unos efectos semejantes, pero que no se logran de una forma voluntaria entre la población objetivo. Por ejemplo, se puede prohibir la venta de vehículos que superen los 120 km/h, pero esto no quiere decir que el público objetivo esté dispuesto a circular a la velocidad permitida en cada vía. El marketing social intenta, por medio de un cambio cognoscitivo de actitudes y valores, la consecución del comportamiento esperado de forma voluntaria.

En la mayoría de las situaciones, el comportamiento deseado del público objetivo coincide con el comportamiento declarado como más favorable, aunque luego se demuestra que no es el comportamiento realmente llevado a cabo por el mismo.

Entre los distintos instrumentos de que disponemos dentro del marketing mix en el marketing social, se destaca principalmente la comunicación, pues es el medio de hacer llegar nuestra idea o mensaje a la población objetivo (dado que se comercializa ideas). También es necesario disponer de una red de distribución que permita el desarrollo de la conducta deseada; si se postula por la donación de sangre, deben existir los suficientes centros de extracción, al igual que se propugna la recogida de las pilas de botón, se debe establecer la red necesaria para la recogida de las mismas, puesto que cualquier individuo que desee realizar el comportamiento responsable de no verterlas descontroladamente deberá contar con puntos de recogida que le faciliten la ejecución de la misma. El precio, si bien no aparece como tal, sí que se debe tener en cuenta, y estará formulado como el coste del cambio entre el comportamiento habitual y el propugnado por la campaña de marketing social. El producto en este caso es una idea, pero dado que normalmente esta idea supone un cambio en los comportamientos de los consumidores, se debe formular no como el cambio de comportamiento, sino como los beneficios que proporciona a cada uno de los individuos y a la sociedad en su conjunto este nuevo comportamiento.

Normalmente, a medida que aparecen cada una de estas campañas de marketing social, se desarrollan en una primera a etapa con acciones aisladas y relativamente espectaculares, la incorporación de adeptos, regulariza las acciones, llegado hasta un punto en que éstas toman un carácter burocrático y comienzan a desaparecer, pues son aceptadas por toda la sociedad.

9.2.3. El marketing público

Se incluyen dentro del marketing publico las acciones llevadas a cabo por las empresas de ámbito público, así como por aquellas que siendo privadas gozan de un interés público.

En este tipo de entidades nos encontramos en una situación diferente a los dos casos anteriormente expuestos; normalmente, las empresas de carácter público, administraciones o consorcios, ofrecen servicios al consumidor final (ciudadano), pero nos encontramos en una situación en la que sí que es posible la utilización del precio.

En el marketing público se incluyen otros criterios de decisión , como son los políticos. Por un lado no existe una clara forma de definir si se está actuando de forma correcta, pues incluso en los casos en que se acude al mercado se suele estar en una posición de monopolio, lo cual distorsiona la respuesta de la demanda. Los servicios públicos pueden utilizar la comunicación para darse a conocer; deben disponer de una red de distribución para llegar al públicio objetivo, y además pueden ser configurados de distintas formas, adaptándose más o menos a las necesidades de los consumidores. En cuanto al precio, en este tipo de entidades no tiene el mismo papel que en las empresas con ánimo de lucro; normalmente se utiliza para sufragar parte de los costes por los usuarios reales de los mismos, pero también se suele utilizar como elemento disuasor de una demanda excesiva. Por ejemplo, si la sanidad y los medicamentos fueran totalmente gratuitos, puede ocurrir que se produzca una avalancha en la demanda de los mismos. Una forma de evitarlo es fijar un precio mínimo que suponga un freno al acceso indiscriminado a dicho servicio.

Dado que en muchas ocasiones existe desfase entre la demanda real y la oferta, suele quedar fuera del alcance del marketing la adecuación de las mismas, quedando estas decisiones dentro del ámbito de prioridades políticas o restricciones presupuestarias.

9.2.4. El marketing político

El marketing político es aquel que se aplica en los procesos de elección de candidatos o alternativas ideológicas entre una población o conjuntos de individuos. Se basa normalmente en técnicas desarrolladas en el marketing empresarial, y los conceptos en muchas ocasiones son muy semejantes, si bien en esta ocasión no se puede hablar de precio.

Esta variante de aplicación del marketing se encuentra constreñida por unas características muy singulares. Normalmente, el número de alternativas entre la que puede elegir el individuo son reducidas (escaso número de candidatos o partidos), los procesos de elección se encuentran configurados por conjuntos de alternativas nomalmente disjuntas o claramente diferenciados, y además se producen cada ciertos períodos de tiempo.

Por otro lado el precio aparece de nuevo en el marketing político, aunque no de forma monetaria, puesto que viene expresado como la forma de valorar los costes derivados para el individuo de la opción ideológica escogida.

El producto político que se intenta comercializar no es exlcusivamente el candidato, sino también el programa o conjunto de ideas a las cuales apoya o respalda el mismo. En muchas ocasiones se pueden utilizar determinadas técnicas de investigación de mercados para la definición de los aspectos más importantes a tener en cuenta en el mismo. El candidato suele ofrecer la imagen externa, y es el mayor elemento de comunicación, pues debe transmitir a los electores el mensaje y la imagen de la opción que representa. En este tipo de marketing la comunicación y promoción vuelven a tomar un papel preponderante, pues permiten hacer llegar a la mayor cantidad posible de electores el mensaje de la oferta política en las mejores condiciones, diferenciándose normalmente entre comunicaciones personales (entrevistas, debates y mítines) y no personales (vallas, pasquines y espacios publicitarios en medios de comunicación masivos, reportajes y noticias independientes).

9.3. APLICACION DEL MARKETING A LOS SERVICIOS

La aplicación del marketing a los servicios de manera formal puede afirmarse que se produjo a finales de la década de los sesenta, con la publicación del artículo de Kotler y Levy (1969) en el que se propuso la ampliación del concepto de marketing para incluir también a los servicios, así como a las organizaciones sin ánimo de lucro.

Pese a la aceptación generalizada de la existencia de un marketing de servicios debido a las características diferenciales que éstos poseen respecto a los bienes (de consumo o industriales), algunos autores defienden que ello no es condición suficiente para darles un tratamiento diferenciado.

Por su parte, las propias empresas de servicios omitieron utilizar el marketing en el pasado, debido a su pequeña dimensión y la falta de uso de las técnicas de gestión o de comercialización (peluquerías, reparación del calzado). Otras creían que no era profesional utilizar el marketing (abogados, contables) y otras tenían tanta demanda que no veían la necesidad de hacerlo (hospitales, enseñanza).

No obstante, son diversos los factores y la problemática que plantean los servicios respecto a los productos que determinan la necesidad y la utilidad de un marketing de servicios (Santesmases, 1992).

Al revisar las principales variables macroeconómicas de los países más desarrollados destaca fácilmente la *importancia del sector servicios* en las últimas décadas.

El cambio desde una economía orientada hacia la producción hacia otra orientada a los servicios es el resultado, entre otras razones, del crecimiento económico, que ha permitido una gran eclosión de consumidores con poder adquisitivo y con tiempo para el ocio.

Pero el incremento en la demanda de servicios no se debe sólo a los consumidores, sino que las empresas y todo tipo de organizaciones también lo hacen debido a su creciente especialización y a su alto nivel de competitividad.

Es precisamente la rapidez de este crecimiento, tanto en volumen de actividad como en cifras de empleo a lo largo de los años, lo que confieren a este sector su carácter dinámico por excelencia.

Sin embargo, y pese a que la importancia cuantitativa que posee el sector terciario justificaría por sí sola la aplicación del marketing, existen otras razones que también justifican este hecho y que se exponen a continuación.

El *incremento de la competencia*, factor éste fundamental para la aplicación del marketing, se presenta de forma intensa en los servicios.

La liberalización de las normas de funcionamiento de determinados sectores, como el bancario, y la eliminación progresiva de fronteras en los mercados internacionales, ha provocado el surgimiento de una enorme competencia donde resulta esencial la aplicación de métodos y técnicas de marketing para retener a los clientes actuales y lograr captar otros nuevos.

Como consecuencia de todo lo anterior, las empresas de servicios se enfrentan a un mercado cada vez más exigente y segmentado que busca respuestas específicas a sus necesidades.

El *desarrollo tecnológico* ha sido otro factor determinante de la aplicación del marketing a los servicios, ya que en la actualidad son muchos los servicios prestados por máquinas. Sirvan como ejemplo los cajeros automáticos utilizados por los bancos, las reservas de billetes de avión, a través de la propia pantalla del usuario de un ordenador o los equipos de transmisión de información, que facilitan el almacenamiento de enorme cantidad de datos, la comunicación rápida y el intercambio comercial a nivel internacional.

Habrá de tenerse en cuenta, sin embargo, que la aplicación de los principios y los métodos del marketing a los servicios no es un mero traslado a éstos del marketing de los productos. Como veremos posteriormente, son precisamente las características diferenciales de los servicios y la forma en que éstas son percibidas por los usuarios las que determinan que dicha aplicación no pueda hacerse de forma directa. Sin embargo, y a pesar de las dificultades que puedan plantearse, cada vez son más los diferentes tipos de servicios que están imponiendo la aplicación del marketing a su funcionamiento.

Una definición de servicio, que lo contemple como una entidad que pueda ser objeto de intercambio y desde un enfoque de marketing, es la proporcionada por Kotler (1992) quien contempla al

> **Servicio** como «*cualquier actuación que una parte puede ofrecer a la otra, esencialmente intangible, sin transmisión de propiedad. Su prestación puede ir o no ligada a productos físicos*».

Dicho autor distingue cuatro tipos de ofertas de las empresas al mercado, en función de la proporción que producto y servicio ocupen en dicha oferta, y señala las siguientes:

1. Oferta de un bien tangible exclusivamente: la oferta consiste en un bien tangible exclusivamente sin ningún servicio que lo acompañe.
2. Oferta de un bien tangible con algunos servicios: la oferta consiste en un bien tangible al que acompañan uno o más servicios para reforzar su atractivo.
3. Oferta de un servicio fundamental acompañado de bienes y servicios menos importantes: la oferta consiste en un servicio principal junto con algunos servicios y/o bienes de apoyo.
4. Un servicio puro: la oferta consiste en un servicio exclusivamente.

9.3.1. Características diferenciales de los servicios

Los servicios poseen algunas diferencias significativas respecto a los bienes tangibles, y éstas constituyen la justificación de un marketing específico para ellos.

Pese a la enorme variedad de servicios existente, éstos presentan de forma general cuatro características que los diferencian esencialmente de los productos tangibles: intangibilidad, inseparabilidad de la producción y el consumo, heterogeneidad y caducidad. En los apartados siguientes se describe cada una de estas características.

❒ Intangibilidad

La intangibilidad de los servicios significa que, a diferencia de los bienes físicos, éstos no pueden experimentarse por los sentidos antes de su compra. Ello plantea una serie de problemas de cara a su comercialización que se exponen a continuación.

— No se puede transmitir la propiedad

Las personas tienen un sentido natural hacia la posesión. Sin embargo, cuando se compra un servicio en muchos casos éste no llevará ningún elemento tangible asociado, y ello dificulta que el que utiliza un servicio se identifique con él, lo sienta suyo.

— Imposibilidad de protección con patentes

Al no ser tangible, el servicio no se puede patentar y podrá, por tanto, ser copiado rápidamente por la competencia. Se pierde así de forma inmediata la ventaja competitiva que podía suponer la innovación de dicho servicio al no poderse patentar sus prestaciones.

— *Dificultad de promoción*

Cuanto menor sea la proporción de elementos tangibles en un servicio más difícil será su promoción. Tanto el vendedor de un servicio como la publicidad que de él se haga deberán intentar resaltar el beneficio que dicho servicio aporta al comprador y, en la medida de lo posible, asociarlo a algún elemento tangible que lo represente. Sin embargo, debe precisarse que no puede confundirse el soporte físico con el servicio.

— *Dificultad de diferenciación*

La intangibilidad imposibilita la diferenciación de la competencia por las características físicas. No se podrá apelar a los materiales, colores, ni diseño. En el caso de una innovación (ya vimos con qué rapidez los servicios pueden ser copiados) ello podrá utilizarse como ventaja hasta que la competencia reaccione.

— *No se pueden almacenar*

Al no ocupar un espacio físico, los servicios no requieren almacenes para guardarlos y conservarlos. Esto es un gran inconveniente, ya que imposibilita la regulación de la demanda: para un momento dado no puede suministrarse mayor cantidad de servicio que la que se sea capaz de producir en ese momento.

— *El precio es difícil de fijar*

La intangibilidad dificulta la valoración. Si en un bien tangible los materiales que éste incorpora ayudan a fijar su precio, ello no es posible en los servicios. La valoración de un servicio en función del coste (¿horas?, ¿esfuerzo?...) resulta en muchos casos inadecuado (¿cómo se valoran las horas dedicadas?, ¿debería ser una penalización un número de horas elevado o por el contrario una gratificación superior?...).

❏ Inseparabilidad

En la mayoría de los servicios, su producción y consumo se produce de forma simultánea en el tiempo, sin posibilidad de separarlos. Esta inseparabilidad cambia la secuencia normal por la que se desarrolla una relación de intercambio de un bien tangible: producción, venta y consumo.

En los servicios, primero se produce la venta y después, de forma simultánea, la producción y el consumo. Es decir, la inseparabilidad de los servicios obliga a que el vendedor y el comprador entren necesariamente en contacto, produciéndose una cierta implicación del cliente en la producción del servicio.

Esto tiene repercusiones sobre la capacidad de producción, la distribución y la imagen del servicio (o de su proveedor).

La implicación del consumidor en el servicio hace que sea mayor la comunicación personal entre comprador y vendedor, lo que implica la necesidad de seleccionar y formar adecuadamente a los vendedores para que puedan llevar a cabo una comunicación efectiva que puede llegar a ser muy útil si es explotada de manera adecuada, pues supone una fuente directa de información sobre las necesidades, características, comportamientos, preferencias, actitudes e intenciones de los usuarios de un servicio.

❐ Heterogeneidad

El hecho de que los servicios se caractericen por tener una mayor intensidad de trabajo que de capital explica la dificultad de conseguir cierta estandarización en la prestación y por tanto su variabilidad y mayor dificultad en su control de calidad.

Esta variabilidad o heterogeneidad en la prestación provoca una fuerte incertidumbre en el consumidor, con el consiguiente incremento del riesgo percibido en la compra.

❐ Caducidad

El carácter perecedero de un servicio implica que si éste no es consumido cuando se oferta, se pierde. Esto no es un problema cuando la demanda es estable o puede predecirse con relativa seguridad, pero cuando la demanda fluctúa las empresas de servicios pueden tener graves problemas; en los momentos punta, la capacidad del servicio puede ser insuficiente para atender la demanda, lo que provoca grandes colas y el consiguiente riesgo de pérdida de clientes; sin embargo, cuando la demanda es muy baja, la capacidad de prestación de servicios puede permanecer ociosa quedando «huecos» que provocan la falta de rentabilidad del servicio para ese nivel de público tan bajo.

9.3.2. Estrategias de marketing para empresas de servicios

De las características de los servicios se deduce la complejidad que conlleva la gestión de las empresas de servicios.

Diversos son los enfoques que permiten abordar tanto la gestión como el proceso de creación de un servicio. Destacan entre ellos los planteados por Chías (1991) y por Gronroos (1984).

Para Chías el *proceso de creación de un servicio* consta de cuatro fases, y en cada una de ellas hay que adoptar una serie de decisiones:

— La primera fase, denominada de *conceptualización* del servicio, es la que establece lo que en términos de definición de la unidad estratégica de negocio se denomina producto-mercado.
— En la segunda fase, *estructuración* del servicio, se concreta lo que se va a ofertar y cómo se va a hacer.

— La tercera fase, de *comercialización* del servicio, aborda los aspectos del marketing mix considerados parcialmente en la anterior fase: los precios, la intermediación y la comunicación.

— En la cuarte fase, denominada de *prestación* del servicio, aparece el cliente y se realiza la producción y consumo del servicio.

Gronroos (1984), por su parte, defiende que el marketing de servicios requiere, además de las cuatro variables tradicionales (producto, precio, comunicación y distribución), otras dos herramientas de marketing, el marketing interno y el marketing interactivo.

El *marketing externo* describe las acciones que hacen las empresas para poner precio, distribuir y promocionar el servicio a los clientes. El *marketing interno*, en este contexto, describe las acciones que hace la empresa para formar y motivar a sus clientes internos, es decir, al personal de contacto y al que apoya los servicios para que estén motivados, trabajen como un equipo y proporcionen satisfacción al cliente externo. El *marketing interactivo* describe la habilidad de los empleados en su trato con los clientes. Este punto es básico, ya que en muchos casos la calidad del servicio se juzga por cómo se presenta el mismo.

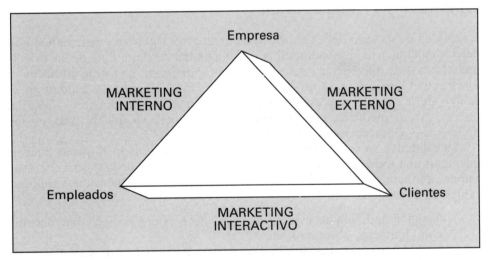

Figura 9.2. Tres tipos de marketing en empresas de servicios.

No resulta difícil deducir que la estrategia de marketing de los servicios debe tratar de superar las dificultades derivadas de su intangibilidad y apoyarse en las ventajas de la relación personal y directa, así como superar las dificultades y aprovechar las ventajas que puedan suponer sus restantes características diferenciales. A continuación describiremos algunas de ellas.

❏ **Tangibilizar el servicio**

Hacer tangible un servicio consiste en desarrollar una representación física del mismo, es decir, hacerlo visible, captable por los sentidos. Se trataría de evidenciar cualquier objeto físico relacionado con el servicio que demuestre su existencia y ponga de manifiesto su calidad (hacer carpetas para el material de un curso de formación, regalar a una asesoría fiscal agendas con el calendario del contribuyente, etc.).

❏ Identificar el servicio

Consiste en asociar la imagen de un servicio con un nombre o marca que permita diferenciarlo de la competencia. Se trata de que el servicio se asocie con una marca, símbolo o persona reconocible por los usuarios (el uso de uniformes determinados por los empleados, el diseño de un anagrama o incluso una melodía que tangibiliza el servicio y lo hacen reconocible).

Dicha asociación, junto con la dedicación al cliente, el conocimiento de sus necesidades y la adaptación a la demanda de los distintos segmentos de mercado ofreciendo una alta calidad en la prestación, contribuyen a crear una sólida imagen corporativa.

❏ Diferenciar por calidad de servicio

La calidad de servicio debe ser objeto de un control riguroso y sistemático que detecte cualquier inadecuación en la prestación del servicio. Una de las principales formas de diferenciar los servicios es proporcionar, de forma consistente, una calidad superior a la de la competencia. Sin embargo, la calidad en el campo de los servicios presenta numerosos elementos de carácter subjetivo, por lo que su medición resulta especialmente difícil, ya que se basa en las preferencias y percepciones de los clientes o usuarios.

La calidad, a su vez, es un fenómeno multidimensional en el que se pueden distinguir una serie de atributos o aspectos determinantes de la misma. Parasuraman, Zeithaml y Berry (1985) señalan un conjunto de dimensiones configurantes de la calidad:

— Tangibilidad. Son las evidencias físicas del servicio; por ejemplo, decoración, limpieza, obsequios, etc.
— Fiabilidad y rapidez. Implica la consistencia en la prestación y en el menor tiempo posible.
— Responsabilidad. El personal debe mostrarse dispuesto a responder con prontitud a los requerimientos de los clientes; debe dar la impresión de que está interesado por sus problemas.
— Comunicación. Mantener a los clientes informados en una terminología que puedan entender.
— Credibilidad. Implica veracidad, honestidad y estar interesado sinceramente por el cliente.
— Seguridad. Supone ausencia de peligro físico, financiero o psicológico en la prestación del servicio.
— Competencia. Significa poseer la cualificación y formación suficientes para la adecuada prestación.

— Cortesía. El personal debe ser educado, amable, respetuoso y atento con el cliente.
— Comprensión y conocimiento del cliente. Hacer el esfuerzo por conocer y comprender las necesidades del cliente, tener empatía o capacidad para ponerse en su lugar. Sólo partiendo de esto se podrá personalizar el servicio para adaptarse al cliente de tal manera que éste perciba el servicio como único.
— Accesibilidad. Supone fácil acceso al servicio (eliminación de barreras físicas).

La calidad de servicio debe entenderse como un elemento necesario pero con limitaciones en cuanto que se trata de un factor de retención de cliente, pero no de atracción de nuevos clientes.

Sin embargo, los costes de la no calidad son muy graves, ya que no sólo supone la pérdida de clientes, sino que: 1) el incremento de costes por los errores cometidos, 2) el abandono del personal por las quejas de los clientes y el mal funcionamiento del servicio, y 3) el descenso en los ingresos por los menores precios que pueden cobrarse por un servicio de inferior calidad.

❑ Estandarización del servicio

Esta estrategia consiste en garantizar al cliente un nivel estándar de calidad en la prestación del servicio. Para ello se estudia el proceso de la prestación y se añade el grado de tecnología oportuna para estandarizar o «industrializar» (Levitt, 1976) dicho servicio de tal manera que el proceso ofrezca al cliente un resultado constante. Los restaurantes de comida rápida McDonald's son un buen ejemplo de la aplicación de la estrategia de estandarización.

En este sentido, es interesante la aportación de Eiglier y Langeard (1989) con el concepto de *servucción*, que se refiere al resultado del proceso de creación del servicio realizando un paralelismo con el término producción referido al resultado de fabricar un producto.

❑ Contrarrestar el carácter perecedero de los servicios

Las estrategias encaminadas a luchar contra el carácter perecedero de los servicios deben intentar lograr una sincronía y ajuste entre la oferta y la demanda de los mismos. Para ello son posibles dos tipos de estrategias: bien sobre la oferta o bien sobre la demanda.

— Dirigir la oferta para adaptarla a las variaciones de la demanda. Esto puede realizarse:
    1. Utilizando empleados a tiempo parcial.
    2. Maximizando la eficiencia en los momentos punta.
    3. Implicando al cliente en la prestación del servicio (tal es el caso de algunas gasolineras con surtidores de autoservicio).
    4. Compartiendo la capacidad de servicio con otras organizaciones para evitar que esté ociosa en épocas de menor demanda.

— Dirigir la demanda hacia las disponibilidades de oferta existentes. Esto puede realizarse a través de:

1. Precios diferenciales con el objeto de desplazar la demanda hacia las épocas convenientes (precio bajo si la demanda es baja y precio alto en épocas de demanda alta).
2. Incentivar la demanda en horas bajas o fuera de temporada (ofrecer ventajas adicionales, por ejemplo).
3. Desarrollo de servicios complementarios que ayuden a la prestación normal o sirvan para entretener al cliente en el tiempo de espera.
4. Utilizar un sistema de reservas. La venta anticipada evita tediosas esperas y regula el proceso de demanda.

CONCEPTOS CLAVE

Know how (saber hacer). Es un término que recoge la capacidad de una organización para realizar mejor que otra procesos, servicios o productos, incluso la capacidad de gestión y organización.

Marketing internacional. Es realizar procesos de intercambio de bienes o servicios, con clientes situados en el extranjero.

Marketing no lucrativo. Incluye aquellas relaciones de intercambio en las que intervienen organizaciones sin ánimo de lucro, bien sean privadas o públicas.

Marketing político. Desarrollado por las organizaciones políticas y sindicales para fomentar el apoyo a sus ideas, programas y candidatos.

Marketing público. Se utiliza para referirse a las actuaciones de la Administración pública en su amplia gama de servicios.

Marketing social. Hace referencia al desarrollo de intercambios dirigidos a alentar ciertas ideas o comportamientos sociales.

Patente. Es una forma de protección legal de una idea, que se puede plasmar en un producto, o un proceso.

Servicio. Cualquier actuación que una parte pueda ofrecer a la otra, esencialmente ntangible, sin transmisión de propiedad. Su prestación puede ir o no ligada a productos físicos.

Venta compartida con recurso a intermediarios. Conjunto de fórmulas de acceso a mercados exteriores que parte de la premisa de cooperación entre varias empresas para lograr dicho acceso en las mejores condiciones, repartiendo beneficios, costes y responsabilidades.

Venta subcontratada. Dejación máxima del control sobre los productos que acceden al mercado exterior. La empresa vende sus productos a otra empresa que se encarga de hacerlos llegar al mercado exterior y posteriormente los comercializa.

CUESTIONES DE ANALISIS

1. ¿Qué dificultades podría plantear al exportador hacer un estudio de mercado en los países del Este?
2. En el supuesto de querer promocionar sus productos en un país subdesarrollado, ¿qué estrategias de penetración utilizaría para posicionarse en dicho país?

3. ¿Cree usted en la eficacia del marketing electoral? De ser así, explique la diferencia, si la hay, entre la campaña de presentación de un político y la de un producto de gran consumo.
4. En una campaña para la prevención de accidentes de tráfico, identifique los conceptos de demanda, producto, precio, distribución y comunicación.
5. Elija diferentes empresas de servicios y desarrolle para cada una de ellas una estrategia de marketing basándose en las caractéristcas de intangibilidad, inseparabilidad, heterogeneidad y caducidad.
6. Desarrolle un breve análisis del mercado en el que se contenga la oferta, el público objetivo y la competencia, entre otros aspectos, para cada una de las siguientes empresas de servicios:

— Un supermercado.
— Un hospital.
— Un gimnasio.
— Una empresa consultora.

LECTURAS RECOMENDADAS

LEVITT, THEODORE (1989): «La globalización de los mercados». *Harvard-Deusto Business Review*, 4.º trimestre, págs. 3-28.
PORTER, MICHAEL E. (1990): «Dónde radica la ventaja competitiva de las naciones». *Harvard-Deusto Business Review*, 4.º trimestre, págs. 3-26.
ORTEGA MARTINEZ, ENRIQUE (1977): «El marketing del sector público en las instituciones no lucrativas». *Esic Market*, n.º 22, enero-abril, págs. 15-27.
DON, R. WEBB; DONALD, L. SHAWER; GEORGE, J. ATOR, y NORMAN, G. MARCUS. (1987): «El marketing del cambio social-cultural». *Ipmark*, n.º 301, segunda quincena, diciembre, págs. 185-192.

Bibliografía

AAKER, D. A., y MYERS, J. G. (1989): *Management de la Publicidad*. Ed. Hispano Europea. Barcelona.

AMERICAN MARKETING ASSOCIATION (1960): *A Glossary of Marketing Terms*.

ANSOFF, H. IGOR (1976): *La estrategia de la empresa*. Eunsa. Pamplona.

CANALS, J. (1994): *La internacionalización de la empresa. Cómo evaluar la penetración en los mercados exteriores*. Ed. McGraw-Hill. Madrid

COOPER, R. C. (1979): «The dimensions of industrial new products succes and failure». *Journal of Marketing*, Verano.

CRUZ ROCHE, I. (1990): *Fundamentos de marketing*. Ed. Ariel. Barcelona.

CHIAS, J. (1991). *El mercado son personas. El marketing en las empresas de servicios*. Ed. McGraw-Hill. Madrid.

EIGLIER, P., y LANGEARD, P. (1989): *Servucción. El marketing de servicios*. Ed. McGraw-Hill. Madrid.

KEEGAN, W. (1984): *Multinational Marketing Management*. 3.ª ed. Prentice Hall. Englewood Cliffs. N.Y.

KOTLER y LEVY (1969): «Broadening the Concept of Marketing», *Journal of Marketing*, volumen 33, enero, págs. 10-15.

KOTLER, P.,(1992): *Dirección de Marketing*. Ed. Prentice Hall, 7.ª ed. Madrid.

LAMBIN, J. J. (1991): *Marketing estratégico*. 2.ª ed. Ed. McGraw-Hill. Madrid.

LENDREVIE, LINDON y LAUFER (1983): *Mercator. Théorie et pratique du marketing*. 3.ª ed. Ed. Dalloz. París.

LEVITT, THEODORE (1976): «The Industrialization of Service», *Harvard Business Review*, vol. 54, septiembre-octubre, págs. 63-74.

MARTIN ARMARIO, E. (1993): *Marketing*. Ed. Ariel. Barcelona.

MASLOW, A. (1991): *Motivación y personalidad*. Ed. Díaz de Santos. Madrid.

McCARTHY, J. (1981): *Basic Marketing*. 2.ª ed. Ed. Richard D. Irwin. Homewood, Illinois.

MENGUZZATO, M., y RENAU, J. J. (1991): *La dirección estratégica de la empresa*. Ed. Ariel. Barcelona.

PUELLES, J. A., y SERRA, T. (1994): «Las marcas de distribución en alimentación». *Distribución y Consumo*, Año 4, n.º 14. Feb.-Mar.

QUINTANILLA, I. (1991): *Recursos humanos y marketing interno*. Ed. Pirámide. Madrid.

SANTESMASES, M. (1992): *Marketing. Conceptos y estrategias*. 2.ª ed. Ed. Pirámide. Madrid.

TAGLIACARNE, G. (1962): *Teoría y práctica de las investigaciones de mercado*. Ed. Ariel. Barcelona.

Indice analítico